기적의 아키타
공부법

기적의 아키타 공부법

아베 노보루 | 홍성민 옮김

김영사

기적의 아키타 공부법

저자_ 아베 노보루
역자_ 홍성민

1판 1쇄 발행_ 2009. 8. 27.
1판 6쇄 발행_ 2011. 9. 27.

발행처_ 김영사
발행인_ 박은주

등록번호_ 제406-2003-036호
등록일자_ 1979. 5. 17.

경기도 파주시 교하읍 문발리 출판단지 515-1 우편번호 413-756
마케팅부 031)955-3100, 편집부 031)955-3250, 팩시밀리 031)955-3111

값은 뒤표지에 있습니다.
ISBN 978-89-349-3554-4 03370

독자의견 전화_ 031)955-3200
홈페이지_http://www.gimmyoung.com
이메일_ bestbook@gimmyoung.com

좋은 독자가 좋은 책을 만듭니다.
김영사는 독자 여러분의 의견에 항상 귀 기울이고 있습니다.

우리가 자녀에게 해줄 수 있는 가장 훌륭한 선물 두 가지는
믿어주는 것, 그리고 스스로 해결책을 찾도록 도와주는 것이다.

차
례

머리말 … 가정에서 시작하는 아키타의 기적 | 손병목(학부모 포털 부모 2.0 대표) ▪ 10

프롤로그 … 2년 연속 일본 최고 학력, 주목받는 아키타의 교육
좋은 학력이란? ▪ 28 | 활용력은 미래의 필수 학력 ▪ 33 | 일본 최고 학력의 배경은? ▪ 34

1장 … 아키타에는 특별한 것이 있다
평범한 생활 습관이 학력을 높인다 ▪ 39 | 학급 붕괴와 수업 방해가 없다 ▪ 40 | 자율적
이고 적극적인 아이들 ▪ 42 | 가정과 지역 사회의 중심이 학교다 ▪ 45 | 규칙적인 생활과
정착된 가정학습 ▪ 46 | 스스로 생각해 보는 즐거운 수업 ▪ 47 | 활발한 토론과 의견 교
환 ▪ 50 | 방과 후 보충수업 서포트 ▪ 52 | 가정, 지역, 학교의 강한 유대 ▪ 53

2장 … 아이의 학력은 식탁에서 만들어진다
가족과의 대화는 사고력을 키우는 시작이다 ▪ 57 | 적절한 타이밍에 질문하고 의견을 말
하라 ▪ 61 | 아이의 질문에 바로 대답하라 ▪ 63 | 직업에 관해 아이와 대화하라 ▪ 64 | 구
체적인 에피소드로 공감하라 ▪ 66 | 말을 하지 않을 때 대처하는 법 ▪ 68

3장 ··· 인사가 아이의 학력을 높인다

인사는 대화 능력을 기르는 시작이다 ▪ 73 | 큰 소리로 인사하면 꼭 칭찬하라 ▪ 77 | 시선을 맞추어 마음을 전달하라 ▪ 78

4장 ··· 아이를 칭찬하는 프로가 되라

칭찬을 8번 하면 꾸중은 2번 하라 ▪ 83 | 좋은 점을 자세하게 칭찬하라 ▪ 85 | 칭찬은 그 자리에서 하라 ▪ 89

5장 ··· 우리 집만의 특별한 규칙을 만들라

학력의 키워드, 예의 바른 아이로 키우라 ▪ 93 | 해서는 안 되는 것, 하지 않으면 안 되는 것을 정하라 ▪ 94 | 규칙을 어겼을 때 대처하는 법 ▪ 96 | 체벌은 절대로 금물이다 ▪ 99 | 억지 부리는 아이를 설득하는 법 ▪ 100

6장 … 학교, 선생님과 마음의 거리를 좁히라

아이 앞에서 선생님과 학교 험담을 하지 마라 ▪ 105 | 선생님과 학교의 장점을 말하라
▪ 108 | 아이의 불평, 불만에 거리를 두라 ▪ 109 | 선생님의 지도력을 신뢰하라 ▪ 111 | 학
부모 모임에 적극적으로 참여하라 ▪ 113 | '알림장'과 메일을 효과적으로 활용하라 ▪ 116
| 선생님의 사기를 북돋우라 ▪ 120

7장 … 규칙적인 생활이 학력 유지의 비결이다

일찍 자고 일찍 일어나는 습관의 힘을 기르라 ▪ 125 | 부모의 생활 습관을 바꾸라 ▪ 126 | 가정학
습을 위한 시간과 공간을 확보하라 ▪ 128 | 공부할 수 있는 분위기를 만들라 ▪ 132 | 저녁 식사 시
간을 축으로 공부 시간을 정하라 ▪ 133

8장 … 선생님과 연계해 가정학습을 습관화하라

선생님에게 가정학습의 요령을 배우라 ▪ 139 | 부족한 분야는 선생님에게 과제를 받으라 ▪ 143
| 가정학습은 한 과목당 10분에서 시작하라 ▪ 144

9장 … 독서가 학력을 끌어올린다

10~15분 아침 독서를 생활화하라 ▪ 149 | '책 읽어주기'가 독서하는 아이를 만든다 ▪ 151 | '책
읽어주기'는 짧게 매일 하라 ▪ 154 | 아이와 정기적으로 서점에 가라 ▪ 155 | 교과서를 참고로 책
을 구입하라 ▪ 156 | 아이와 같은 책을 읽고 대화하라 ▪ 158 | 눈에 띄는 곳에 책을 꽂아두라 ▪ 161
| 거실에 책장을 두라 ▪ 163 | 책은 구입해서 보관하는 습관을 들이라 ▪ 165 | 신문 읽기의 재미
를 가르치라 ▪ 166

10장 … 미래에는 활용형 학력이다

지식·기술형과 활용형 학력 ▪ 171 | 지금은 활용형 학력이 필요하다 ▪ 173 | 읽고 생각하고 쓸 수 있어야 활용형 학력이다 ▪ 174 | 발표와 의견 교환이 활용형 학력을 키운다 ▪ 181 | 정답보다는 다양한 답을 독려하라 ▪ 183

11장 … 산수·수학에서도 활용형을 중시한다

산수·수학도 언어 실력이 좌우한다 ▪ 189 | 저학년부터 과학 도서를 읽히라 ▪ 195 | 산수·수학 시간에도 읽고 쓰고 설명하기 ▪ 197

12장 … 지역 행사에 참여해 '함께하는 힘'을 키우라

소통 능력은 학력과 관계가 깊다 ▪ 203 | 다양한 지역 행사와 봉사 활동에 참여시키라 ▪ 205 | 의사 소통 능력을 키우라 ▪ 208

에필로그 … 가정, 지역, 학교의 연계가 학력의 원천

가정과 학교 사이의 벽을 허물라 ▪ 210 | 지역 사회의 중심은 학교다 ▪ 212 | 30명 학급을 실현하다 ▪ 213 | 아키타라서 가능한 것은 아니다 ▪ 215

추천의 말 … 행복한 동화 | 강범석(SBS 스페셜 〈아키타 산골학교의 기적〉 담당 PD) ▪ 220

부록 … 생활 습관을 바꾸는 아빠의 마음 습관·엄마의 마음 습관 ▪ 224

가정에서 시작하는
아키타의 기적

우리의 교육 현실과 가장 비슷한 나라 일본에서 조용한 기적이 일어나는 순간, 나는 적잖이 흥분했다. 가정에서의 생활 습관이, 그리고 가장 기본적인 공부 습관이야말로 공부 잘하는 근본 비결이라는 것은 나의 굳은 신념이었다. 그것이 한두 명의 성공 사례가 아니라, 지역에 속한 거의 모든 학생들이 경험한 대규모 성공 사례로 증명되는 순간이었다. 나는 이 사실을 널리 알리고 싶었고, 학부모 강연 때마다 그것을 언급했다.

아키타의 교육 현실을 누구보다 잘 아는 아베 노보루 아키타 대학 교수가 이 대규모 성공 사례를 책으로 펴냈다. 나는 매우 기쁜 마음으로 이 책을 읽었고, 또 추천한다. 다만 안타까운 것은, 아키타의 사례가 우리 교육 현실에 언제쯤 온전히 적용될지 요원하게 느껴진다는 점이다. 그래서 큰 틀의 교육 정책이 바뀌기를 기다리기보다 지금 당장이라도 가정에서 실천할 수 있는 것부터 시도하기를 바라는 마음에서, 몇 자 적어본다.

시골 학교의 기적, 상식을 바꾸다

초등학생 전국 학력 평가 결과, 변변한 사교육 기관 하나 없는 강원도 산골 마을이 강남과 목동, 분당의 학력을 크게 앞섰다. 그것도 2년 연속으로 전국 1위를 차지했다. 만약 이런 일이 벌어진다면 우리 교육계는 발칵 뒤집힐 것이다. 그런데 일본에서 실제로 이런 이변이 생겼다. 우리나라로 치면 강원도에 해당하는 아키타 현의 시골 초등학교가 일본 전국 학력 평가에서 1위를 차지한 것이다. 그것도 모든 교과에서 1위를 했다. 43년 전에는 꼴찌에 가까웠던 43등이었다. 그래서 모두들 기적이라고 불렀다. 우리나라도 10년 만에 전국 단위 일제 고사를 실시했지만, 아쉽게도 기적은 없었다.

우리나라의 교육정책 방향은 교육의 질적 수준 향상보다 사교육비 경감에 더 민감하다. 오죽했으면 사교육 망국론이 나왔겠는가? 사교육 문제에 관한 한 일본도 우리나라 못지않다. 소득 수준에 따라 사교육비 지출 규모가 10배 이상

차이난다. 우리나라의 강남, 목동에 해당하는 도쿄 미나노 구, 시부야 구 등의 부촌은 유치원 때부터 대입 시험을 염두에 둔 교육을 시작한다. 초등학교 3~4학년부터는 주쿠塾라는 이름의 학원에 다니고, 졸업생의 90퍼센트 이상이 사립 학교에 진학한다. 참으로 많은 점이 우리와 닮았다. 모두들 남보다 앞서 가기 위해서 선행 학습을 하고, 그 선행 학습을 위해서 많은 돈을 지출하고 있다.

이런 상황에서 아키타 현의 시골 학교가 도쿄, 오사카 등 대도시 학교보다 월등한 성적을 거두었다는 것은 뜻밖이다. 상식적으로 생각할 수 없는 일을 기적이라고 하는데, 기적이 2년 동안 되풀이되었다면 더 이상 기적이 아닌 것이다. 이제 우리가 알고 있던 상식을 바꿔야 할 때이다.

기적의 비밀, 공부는 습관이다

책 제목에서 이미 드러나듯 아키타 기적의 비밀은 멀리 있지 않았다. 너무나 당연하여 아무도 큰 관심을 두지 않았던 '습관'이 그 비밀이다. 아키타의 아이들은 수업에 적극적이며, 수업 태도가 바르다. 학원에 거의 다니지 않지만, 가정학습을 잘한다. 일찍 자고 일찍 일어나는 규칙적인 생활을 통해 집중력을 키우고, 독서를 통해 공부의 기초 체력을 키운다. 자신의 생각을 적극적으로 말하며, 의견을 발표하고 교환하면서 활용 능력을 키운다. 이 모든 것은 가정과 지역, 학교가 연계되어 있기 때문에 가능하다.

사람들은 이런 당연한 것들 말고 뭔가 특별한 것이 있지 않았겠냐고 생각할지 모른다. 우리가 깨야 할 것은 바로 이러한 '상식'이다. 공부는 누가 시켜서 되는 것이 아니다. 공부의 본질은 스스로 하는 데 있다. 어떻게 하면 잘 가르칠까 고민하는 것은 반쪽짜리 고민일 뿐이다. 교육의 핵심은 '어떻게 하면 스스로 공부하게 만들 수 있을까'에 있다. 학생을 둔 부모라면 누구나 바라는 것, 즉 시키지 않아도 스스로 공부하는 것이다. 이것은 습관의 다른 이름이다.

습관의 힘은 누구나 알고 있다. 우리 아이들이 아키타의 아이들처럼 수업에 적극적이고, 수업 태도가 바르며, 복습을 잘하고, 평소 책 읽기를 좋아하고, 자신의 생각을 적극적으로 발표하고, 의견을 교환할 수 있다면 얼마나 좋을까? 그런 습관은 어떻게 만들 수 있을까? 현실은 암담하다. 수업 시간에 기죽지 말라고 학원에서 미리 공부시켜 보내도 수업 태도는 산만하다. 학원 수업과 과제에 밀려 복습할 시간이 없다. 책을 읽고 뭘 물어보면 꿀 먹은 벙어리이다. 엄마의 기대와는 달리 몇 년을 공부해도 공부 습관이 잡히지 않는다. 공부 습관을 잡는 것이 왜 이렇게 힘들까? 아키타를 들여다보면 답이 보인다.

우리나라 동네 학원들 중 열에 아홉은 '선행 학원'이다. 정식 명칭은 보습 학원이지만, 시험 때를 제외하고는 선행 학습이 거의 전부이다. 학원이 경쟁적으로 선행을 하는 까닭은 수요가 있기 때문이다. 선행先行은 말 그대로 앞서 행하는 것이고, 선행 학습은 남들보다 앞서 배우는 것이다. 그러면 학교 수업을 잘 따라가고, 남들에게 뒤처지지 않을 거라고 생각한다. 선행 학습이 곧 실력이라는 생각이 팽배하다. 그러나 엄마의 기대와는 달리 많은 아이들이 선행 학습을 했는데도 수업 시간에 집중하지 못한다. 이미 알고 있다고 생각하기 때문이다. 학교 수업에 집중하지 못하는 아이들이 과연 공부를 잘할 수 있을까?

한 신문사에서 전국 0.1퍼센트의 최상위 학생들의 학습 방법을 연구하여 시리즈로 다룬 적이 있는데, 그들의 학습법은 매우 평범했다. 예습과 복습을 철저히 하고, 수업에 집중한다는 것이었다. 학원에 의존하는 아이는 단 한 명도 없었다. 공부를 못하는 아이일수록 선생님 탓을 많이 한다. 영어 시간에 수학을 공부하고, 수학 시간에 영어를 공부한다. 반면 공부를 잘하는 아이일수록 수업에 몰입한다. 지금이 아니면 따로 배울 시간이 없다는 생각으로 수업에 임한다. 시간 관리가 철저하다. 이런 학생들만이 고등학교 때

최상위권을 유지할 수 있었다.

초등학생 아이에게 가장 먼저 가르쳐야 할 습관은, 이러한 수업 태도이다. 섣부른 선행 학습은 수업 태도를 망치는 가장 큰 원인이다. 아키타의 학교와 대도시의 학교 수업에서 가장 먼저 눈에 띄는 것이 수업 태도였다. 저자가 1장 '아키타에는 특별한 것이 있다'에서 학급 붕괴와 수업 방해가 거의 없으며 적극적으로 수업에 임하는 것을 가장 먼저 언급한 것은, 당장의 지식 암기보다 수업 태도가 훨씬 더 중요함을 강조하기 위해서이다. 아키타의 학교 수업이 산만하지 않은 가장 큰 이유는 경쟁적인 선행 학습이 없기 때문이다. 대도시와는 달리 학교 수업 외에 학력을 키울 장소가 없다는 것이 오히려 수업 태도를 진지하게 만들었다.

중국 송나라 시대의 어느 농부가 제 밭의 싹이 다른 밭의 싹보다 느리게 자라는 걸 보고 속상해했다. 안타까운 마음에 싹이 자라는 것을 돕기 위해 싹을 조금씩 땅 위로 잡아올려주었다. 하루 종일 싹이 자라는 것을 돕느라 힘들긴 했지만 뿌듯한 마음을 안고 집으로 돌아왔다. 그러나 다음 날 아침, 그 싹은 다 말라죽어 있었다. 《맹자》에 나오는 고사인데, 여기서 생긴 말이 '조장助長'이다. 도와서 자라게 한다는 뜻이지만, 매우 부정적인 말로 통용된다. 농부에게 필요한 것은 싹이 빨리 자라도록 잡아당기는 것이 아니라, 믿고 기다리는 일이었다. 부모 역시 마찬가지이다. 아이가 빨리 배우도록 잡아당기는 선행 학습은 멀쩡한 아이조차 말라죽인다. 상식이 되어버린 선행 학습이 아이의 공부 능력을 퇴화시키고, 학교 교육을 비정상적으로 만든다. 그래서 선행 학습은 개인의 문제를 넘어 사회 문제가 되었다.

복습은 공부의 완성이다

많은 부모들이 뒤늦게야 선행 학습의 무익함을 깨닫는다. 먼저 배워 봐야 나중에 별다를 바 없다는 것을, 그때 가서야 비로소 안다. 지식의 양은 그 자체로는 의미가 없다. 어떻게 활용하느냐가 문제다. 서울대 학생을 대상으로 한 연구 조사에 따르면, 서울대 입학 전 고등학교 3학년 때 풀었던 수학 문제집의 수가 평균 2.8권에 지나지 않는다. 1년 동안 3권도 풀지 않고 서울대에 입학할 수 있었던 힘은 무엇이었을까? 완전히 나의 것으로 만들어 제대로 활용할 수 있는 능력, 최상위 능력은 바로 거기서 비롯되었다. 저자가 수업 태도 다음으로 '복습'의 중요성을 언급한 것도 바로 그런 이유 때문이다.

아키타 아이들이 복습하는 비율은 전국 평균의 두 배에 가깝다. 아키타에서는 학원에 다니는 아이의 비율이 전국에서 가장 낮다. 결국 복습은 거의 집에서 이루어진다는 뜻이다.

아키타 현 중에서도 가장 성적이 높았던 히가시나루세 마을은 겨울이면 마을 전체가 온통 눈으로 덮이는 산골이다. 학원 자체가 없다. 학교는 가정학습 매뉴얼을 만들어 집에서 지도해야 할 공부 습관을 체계적으로 지도하고 있다.

복습의 중요성을 모르는 사람은 없다. 학부모 강연 때 복습의 중요성을 아시는 분은 손을 들어보라고 하면 거의 모두가 손을 든다. 반면, 아이들에게 매일 복습을 시키고 있느냐고 물으면 거의 손을 들지 않는다. 학원에 다니고 학원 숙제를 하느라 예습·복습할 시간이 없다는 것이 가장 큰 이유였다. 요즘 학부모들은 무엇이 중요한지 몰라서 못하는 것보다, 중요한 줄 알지만 시간이 없어 못하는 것들이 더 많다. 뛰어난 도공은 흠이 있는 도자기를 깨뜨리지만, 예술적 안목이 없는 도공은 명품만 골라서 깨뜨린다. 마찬가지로 '엄마표'에 성공한 학부모들은 정말 중요한 것을 가려 실천하지만, 그렇지 않은 부모들은 정말 중요한 것만 골라 버린다. 선행 학습을 취하고 복습을 버리는 우愚를 범하는 것이다.

두뇌의 기본 속성은 망각이다. 어지간히 중요하지 않으면 잊어버린다. 중요성의 기준 또한 나의 기준과는 많이 다르다. 수업 내용을 기억하고 싶은 내 마음과는 달리 두뇌는 며칠 만에 거의 모든 것을 잊어버린다. 그래서 오래 기억하고 싶으면 자주 사용해야 한다. 자주 사용하는 물건을 버리지 않듯, 두뇌는 재사용되는 기억을 중요한 것이라고 여긴다. 두뇌 저장 기간이 만료되어 곧 버려야 할 기억을 다시 사용하는 것, 그것을 우리는 복습이라고 부른다.

초등학교 때 복습하는 습관을 들이지 못한 아이들은 중학교에 가서도 대개 복습할 줄 모른다. 오로지 학교 수업, 학원 수업과 학교 숙제, 학원 숙제에만 익숙하다. 스스로 공부하는 것의 핵심은 배운 것을 익히는 과정에 있다. 그런데 '듣는' 수업과 '시켜서 하는' 과제에만 익숙하다 보니 스스로 공부하는 방법을 배울 기회가 없다. 고등학생 정도 되면 아이들도 깨닫는다. 진정한 공부 실력은 밤 12시까지 학원에 있다고 해서 느는 것이 아니라는 사실을. 그러면서도 정작 학원을 끊지 못한다. 혼자 공부하는 것에 익숙하지도 않을뿐더러 학원을 끊으면 다른 아이들 보다 덜 공부하는 것 같은 불안감을 느낀다. 뭔가를 끊을 때 불안감이 엄습하는 것을 우리는 중독이라고 부른다. 일반 고등학생이 학원에 가는 이유 중 단연 1위(49.1퍼센트)는 '불안감'이었다. 경쟁적인 선행 학습에 익숙하고 기본적인 복습 습관을 익히지 못했을 때, 우리 아이들은 스스로 공부하는 능력을 잃어버린다.

상담을 하다 보면 가끔, "우리 아이는 머리는 좋은데 공부를 잘 못해요"라고 하소연하는 부모가 있다. 복습을 제대로 하지 않았기 때문이다. 그런 습관을 애초에 들이지 못한 까닭이다. 정말 좋은 자동차인데 달리지 못한다면 무슨 소용이 있겠는가. 비싼 차가 움직이지 않으면 속만 더 상하고, 머리는 좋은데 공부를 못하면 엄마 속만 뒤집어진다. 이제 더 이상 "머리는 좋은데⋯⋯"라는 말을 하지 말자. 그 시간에 아이와 함께 하루 10분이라도 복습을 하자. 아키타의 아이들처럼 말이다.

적극적인 발표와 의견 교환, 안 되는 이유는 가정에 있다

아키타의 선생님은 무조건 정답을 요구하지 않는다. 다양한 의견을 말하고 듣는 과정이 곧 수업임을 안다. 저자가 아키타의 우수한 학력의 요인 중 수업 태도와 복습의 중요성 다음으로 언급한 것은 '자신의 생각을 적극적으로 발표하고 의견을 교환한다'는 것이다. 모르는 문제가 나왔을 때 답을 적지 않고 내는 무해답 비율이 낮은 것 역시 이러한 적극적 의견 교환이 가능했기 때문이라고 저자는 분석한다. 조금만 생각해보더라도 지극히 당연한 분석이다. 자신의 의견을 적극적으로 개진하고, 남의 의견을 듣는 능력이 우수한 아이들이 공부 역시 잘할 수밖에 없지 않겠는가. 문제는 우리 아이들이 공부에 그렇게 적극적이지 않다는 데 있다. 왜 아키타의 아이들은 적극적으로 발표하고 의견을 교환하는데, 우리 아이들은 우물쭈물 말을 얼버무리는가.

공부 좀 제대로 시킨다는 집에서 초등학교 논술 교육은 상식처럼 되었다. 많이 읽고 토론하고 쓰는 훈련을 일찌감치 시키자는 의도이다. 우리나라 동화책 맨 뒷장은 한결같이 '아이와 함께 토론하기' 부분이 실려 있다. 외국 책을 번역, 출간할 때도 원문에 없는 토론 부분이 추가된다. 자신의 의견을 정리하고 말하는 것의 중요성은 우리 역시 이처럼 잘 알고 있다. 아이가 책을 읽고 나면 엄마는 물어본다. 그런데 아이의 대답이 영 신통찮다. 이 질문에는 정답이 없으니 편하게 얘기하라고 해도 아이의 표정이 좋지 않다. 엄마의 질문 자체가 마음을 불편하게 만든 탓이다.

아키타의 아이들은 토론과 의견 교환 수업을 통해 실수를 두려워하지 않고 자신의 의견을 말할 수 있는 습관을 가지게 되었다고 저자는 말한다. 선생님이 언제나 유일한 정답을 갖고서 그것을 주입하는 자세로는 아이들이 실수를 두려워하여 자신의 의견을 쉽게 말하지 않게 되니 주의하라고 당부한다. 이것이 어디 학교 선생님에게만 해당되는 조건이겠는가. 남의 의견을 듣고 자신의 의견을 조리 있게 말하는 습관은, 사실 가정에서부터 시작된다.

말하기의 기본은 경청이다. 부모가 아이의 말을 귀 기울여 들어 주지 않을 때 아이 또한 귀 기울여 들어 주는 습관을 배울 길이 없다. 경청은 소리를 듣는 것이 아니라 의미를 듣는 과정이다. 학교에서 교사가 "이거 했으면 좋겠다"고 완곡하게 말하면 '안 해도 된다'는 뜻으로 받아들이는 아이들이 많다. 단답식으로 짧게 묻지 않고 부연 설명이 조금만 길어져도 핵심을 파악하지 못해 우왕좌왕하는 아이들이 많다. 이런 아이들이 자신의 의견을 조리 있게 말할 가능성은 낮다.

아이가 남의 말을 경청하지 못하고, 남의 의견을 제대로 이해하지 못하는 데는 부모가 아이의 말을 적극적으로 경청하지 못한 탓이 가장 크다. 특히 학습 지도 과정에서 아이에게 질문하는 경우는, 대개 아이가 문제를 잘못 이해했거나 틀렸을 때이다. 열심히 문제를 풀다가도 엄마가 "그거 맞니?"라고 물으면 아이는 바로 답을 지워 버린다. 엄마의 질문은 늘 '틀림'을 전제로 하고, '정답'을 요구한다. 엄마는 자유롭게 말하라고 하지만, 속뜻은 그것이 아님을 아이는 자연스레 터득한다. 정답을 요구하면 토론이나 의견 교환을 싫어하게 된다는 저자의 말은 학교 선생님에게만 하는 말이 아니다.

토론 능력을 키운다는 핑계로 아이와 책을 읽고 난 후에는 제발 질문을 하지 말자. 책을 덮고 질문하는 것 역시 아이는 평가라고 생각한다. 아이는 정답을 요구하는 줄 안다. 궁금하겠지만 우선은 참자. 대신 아이에게 책을 읽어 주면서 이야기를 듬뿍 하자. 독서 하는 아이로 만들기 위해 '책 읽어주기'를 실천하자고 저자는 말한다. '책 읽어주기'는 책을 좋아하는 아이로 만들기 위한 가장 확실한 방법이다. 저자는 초등학생과 중학생은 물론 고등학생에게도 책을 읽어 주는 것이 유용하다고 말한다. 나도 학부모 강연 때마다 가장 강조하는 것이 '책 읽어주기'이다. 최소한 초등학교 졸업할 때까지는 매일 일정한 시간을 할애하여 책을 읽어 주는 것이 좋다. 아이가 책을 읽지 못해 읽어 주는 것이 아니다. 이것은 매일 책이 좋아지게 하는 광고 방송과 마찬가지이다. 독서 지도의 목적은 책을 좋아하게 만드는 데 있다. 책을 읽고 싶게 만드는 방법 중에 '책 읽어주기'만 한 것이 없다. 다만 읽어 줄 때 유의할 점은, 읽고 난 후 평가하듯 묻지 말고, 읽어 주는 과정에서 최대한 이야기하는 요령을 익혀야 한다는 것이다.

그러기 위해서 엄마가 먼저 풍부한 감정 표현을 해야 한다. 예를 들어, 주인공이 자꾸 엉뚱한 짓을 반복하는 장면이 나오면, "아, 주인공, 참 답답하네. 이러니까 선생님께 혼나지", "또 그러네. 이번엔 선생님께서 더 크게 혼내실

텐데", "어, 또 그러네. 참 답답해라. 너도 답답하지 않니?" 하는 식으로 책을 읽는 동안 엄마의 감정을 충분히 드러내면서 동의를 구하듯 가볍게 묻는 것으로부터 출발하자. 이 정도의 질문에 쉽게 반응하면, 자연스럽게 "네 생각은 어때?" 하고 묻는 단계로 발전할 수 있다. 물론 아이가 선뜻 대답하지 않을 수도 있다. 그럴 때는 더는 기다리지 말고 엄마의 느낌만 말하면 된다. 아이는 비록 대답은 하지 않았지만 머릿속으로 잠깐이나마 생각했을 것이다. 그리고 엄마의 이야기를 들으며 자신의 생각과 비슷한 점과 다른 점을 조금씩 깨닫게 된다. 이렇게 책을 읽으며 부담 없이 이야기하는 동안, 엄마와 아이 사이의 대화의 장벽이 사라진다. 질문에 대한 거부감이 사라지고, 자연스레 자기 의견을 드러낼 자신감이 생긴다. 진정한 교육은 가르치는 것이 아니라 보여 주는 것이다. 자기 의견을 이야기하고 남의 의견을 귀담아듣는 것을, 부모가 직접 보여 줌으로써 가르치는 것이다.

수학 문제집을 풀다가 틀린 문제가 나오면 아이에게 "왜 틀렸니?"라고 묻지 않는 것이 좋다. 이때 '왜?'라는 말은 생각을 자극하기보다는 오히려 틀리지 말아야 할 것을 틀렸다는 죄책감이 들게 만든다. 함께 문제를 풀다가 늘 맞은 것보다 틀린 것에 집착하는 엄마를 보면서 아이의 공부 경험은 부정적으로 흘러간다. "도대체 몇 번을 가르쳐 줘야 되겠니?", "아직도 모르겠어?"라는 식의 말은 아이를 무기력하게 만들 뿐이다. 교육 효과는 제로에 가깝다. 대신에 아이가 틀린 부분을 발견하면, "아! 바로 이거구나, 이 부분이 약했구나"라는 말로 바꿔 보자. 아이를 평가하는 사람이 아니라, 아이의 약한 부분을 발견하여 그것을 극복하도록 도와주는 사람만이 할 수 있는 말이다. "이 부분이 약했구나. 지금부터 해결해 볼까? 엄마가 도와줄게." 이렇게 엄마는 평가관이 아니라 아이의 조력자임을 평소 학습 지도를 통해 느끼도록 하자. 그럴 때 아이는 엄마의 질문에 죄책감을 가지지 않고 편하게 대답할 수 있다. 틀린 문제를 엄마의 도움으로 해결하고, 비슷한 문제를 스스로 해결할 수 있을 때, 아이의 내면에는 문제 해결에 대한 자신감이 생기는 것이다. 활용형 학력이 요구되는 시대에 실수를 창피해해서는 안 된다고 저자는 강조한다. 실수를 창피하게 느끼지 않는 아이로 키우기 위해 가정에서 해야 할 역할은 바로 이것이다.

밥상머리에서 시작하는 아키타의 기적

이 책을 읽다 보면 학습 지도와는 언뜻 무관해 보이는 생활 습관에 대한 이야기가 많이 나온다. 학교에서 공부를 어떻게 가르쳤고, 가정에서 어떻게 교육시켰느냐는 문제보다 더 비중 있게 다루는 것이 식사 문제, 인사와 예절 같은 생활 습관이다. 뭔가 특별한 것을 기대한 독자, 특히 아이의 공부 문제로 머리를 싸매고 있는 학부모라면 2장 '아이의 학력은 식탁에서 만들어진다'라는 글을 읽는 순간 저자의 분석을 의아하게 여길 수도 있다. 가족과 함께 식사하는 것이 공부 습관과 무슨 관계가 있단 말인가. 그러나 여기에 진짜 공부의 비밀이 숨어 있다.

1980년대에 미국에서 생활수준이 비슷한 서민층을 대상으로 추적 조사를 했다. 그 결과 가족 식사를 한 가정의 아이들은 학교 성적과 사회에서의 성취도가 남달랐다고 한다. 2007년 조사(CASA)에서도 가족 식사를 하는 가족과 그렇지 않은 가족의 아이들의 성적은 확연하게 차이가 났다. 식사를 함께 하는 것은 정서적 유대감을 높이고 가족 간의 의사소통을 가능하게 하는 근본적인 방법이며, 정서적 유대감과 의사소통은 효과적인 자녀 교육의 전제 조건이기 때문이다. 게다가 어렸을 때부터 가족이 함께 식사를 한 아이들은 매슈Matthew 효과를 얻는다고 하버드 대학교 캐서린 스노 교수는 조언한다. 매슈 효과란 마테오 효과라고도 하며, 빈익빈부익부 현상을 가리키는 말이다. 학습에서 빈익빈부익부 현상이란, 많은 지식을 가진 아이는 더 많은 지식을 습득하게 되고, 그렇지 않은 아이들은 점점 학습 능력이 떨어진다는 것을 뜻한다. 아이들은 식사 중 어른들과의 자연스러운 대화를 통해 훨씬 더 많은 어휘를 습득하게 되고, 이것이 독서 능력과 직결되어 학습 능력을 높인다고 한다. 유아나 초등학생을 둔 학부모들은 귀담아들어야 할 조언이다. 가족 식사는 자녀가 어릴 때에만 지켜야 할 원칙이 아니다. 미국이든 한국이든, 성공한 CEO의 상당수가 자녀들이 어른이 된 뒤에도 가족 식사 원칙을 고집하고 있다는 사실을 우리는 잘 알고 있다. 교육은 밥상머리에서 시작된다는 것을 증명하는 사례는 이보다 훨씬 더 많다.

저자는 가족이 함께 하는 식사와 반대되는 개념으로 '개별 식사'라는 말을 사용한다. 그리고 이 개별 식사는 어떤 방법을 써서라도 없애야 한다고 강조한다. 공부 문제를 말하면서 가족 식사 문제를 이처럼 강조한 예는 드물다. 우리에게는 매우 낯선 조언이다. 그러나 최근 방영된 SBS 스페셜 〈밥상머리의 작은 기적〉은 저자의 조언이 결코 고리탑탑한 노학자의 한가한 얘기가 아님을 보여 주었다.

아키타의 조용한 기적, 그 기적의 비밀은 결코 먼 데 있지 않았다. 늘 거기에 있었으나 관심을 기울이지 않았던 평범한 생활 습관에 있었다. 그래서 바다 건너 아키타의 성공은 우리에게도 희망의 메시지이다. 현명한 부모라면

이 책을 다 읽기도 전에 지금 당장 실천할 요소를 발견할 것이다.

큰 교육은 나라에서 관장하지만 작은 교육은 가정에서 책임을 져야 한다. 지금까지 수없이 입시 제도가 바뀌었지만, 공부의 본질은 변하지 않는다. 공부는 아이 스스로 해야 하는 것이고, 우리는 그저 그것을 도와줄 뿐이다. 그 역할이 뒤바뀔 때 부모와 자녀 모두 괴롭다. 스스로 공부하는 아이로 키우는 근본적인 방법을 아키타의 부모에게서 배워보도록 하자.

손병목

(학부모 포털 '부모 2.0' 대표)

★ '부모 2.0'은 행복한 부모를 위한 대한민국 최초의 학부모 전문 포털 사이트입니다.
www.bumo2.com

2년 연속 일본 최고 학력, 주목받는
아키타의 교육

좋은 학력이란?

2007년 4월에 국공립 초등학교 6학년과 중학교 3학년생을 대상으로 '전국 학력·학습 상황 조사'(이하 전국 학력 평가)가 실시되었다. 시험 과목은 국어와 산수·수학 두 과목으로, 지식과 기술을 중심으로 묻는 A문제와 그것들을 활용하는 B문제로 구성되었다.

그리고 반년 후인 2007년 10월에 발표된 조사 결과에 일본 교육계는 발칵 뒤집혔다. 수많은 대도시를 누르고, 작은 도시 아키타 현의 아이들이 높은 성적을 거둔 것이다. 초등학생은 모든 교과목에서 1위를 했고, 중학생도 국어 B문제에서는 1위, 나머지 부분에서 2위와 3위를 차지했다. 다음

해인 2008년 전국 학력 평가에서도 초등학생은 모든 교과목에서 1위, 중학생도 모든 교과목에서 1~3위를 차지하는 최고 수준의 결과를 얻었다.

아키타 현의 아이들은 단순히 성적이 좋은 것이 아니었다. 어느 한 과목에 치우치지 않는 매우 균형적인 학력을 가지고 있었다.

앞서 말했듯이, 전국 학력 평가의 문제는 A와 B, 두 가지 유형으로 구성된다. A문제에서는 지식과 내용의 확인 및 계산력과 기본적인 의미의 이해를 묻는 문제가 출제된다. 이것은 아이의 부모들이 어렸을 때 학교시험이나 입학시험에서 풀었던 것과 같은 유형의 문제이다.

반면 B문제는 지식을 활용할 수 있는지를 묻는 새로운 유형으로, 문부과학성 자료에 의하면 다음과 같이 설명되어 있다.

'활용'에 관한 문제(국어B, 산수B, 수학B)
- 지식과 기술을 실생활의 다양한 부분에서 활용하는 능력
- 다양한 과제 해결을 위해 그 일의 내용이나 규모, 실현 방법 등을 생각하고, 실천하고, 평가하고, 개선하는 능력

이것을 좀 더 자세히 설명하면, 배운 지식과 기술을 실생

활에서 얼마나 활용할 수 있는가? 문제를 해결할 수 있는 능력을 가지고 있는가? 평가하는 능력을 가지고 있는가? 하는 것이다. 한마디로 아이들의 지식과 기술을 활용하는 능력을 알아보는 것이 B문제이다.

예를 들면, 2008년 초등학교 6학년 국어B에는 다음과 같은 문제가 출제되었다.

첫머리에 '도서관 소식'이 자료로 게재되어 있다. 그 밑에는 "여러분은 몇 시간이나 독서를 합니까?"라는 전국의 초등학교 6학년생을 대상으로 한 설문 조사의 결과가 그래프로 나와 있다. 이 그래프를 보면서 다음의 물음에 답하는 식으로 되어 있다.

위의 '조건'에서 지정하는 그래프는 다음 페이지에 나와 있다.

어른도 순간적으로 당황할 만한 문제이다.

우선 설문 조사의 그래프를 정확하게 해독할 필요가 있다. 그리고 4개의 그래프 가운데 어느 것을 기준으로 할지 생각해야 한다. 그 후에 초등학교 6학년의 독서 시간을 늘리기 위한 의견을 독창적으로 생각한 다음 써야 한다. 그것도 80~100자 이내라는 조건이 붙는다. 이것은 상당히 높은 수준의 요구라고 할 수 있다.

2. 기무라를 비롯한 도서위원은 '도서관 소식'을 읽고 '집과
   도서관에서의 하루 독서 시간'에 대해 이야기했다. 다음
   은 그때 기록의 일부이다. 여러분은 [＿＿＿＿＿] 안에 어떤
   내용을 발표할 것인가? 아래의 조건에 맞게 써보자.

【토론 기록의 일부】

사회자 : '도서관 소식'을 바탕으로 '6학년의 독서 시간을 늘리
  는 것'에 대해 토론해 보겠습니다.
  도서관 소식의 그래프로 알 수 있는 것과, 그것을 바
  탕으로 생각한 것을 발표해 주세요.

기무라 : 집과 도서관에서 하루 1시간 이상 독서를 하는 6학
  년이 약 18퍼센트나 된다는 것을 알았습니다. 나는
  그만큼 독서를 하지 않기 때문에 시간을 계획적으로
  활용해서 더 많은 책을 읽을 생각입니다.

자신의 발표 : [＿＿＿＿＿＿＿＿＿＿＿＿＿＿＿＿＿]

~ (토론이 계속된다)~

【조건】
● 토론 주제에 더해 그래프를 통해 알게 된 것과, 그것을 바탕으로 생각한 것을 쓸 것.
● 알게 된 것에 대해서는 기무라의 발표 내용과 같지 않도록 할 것.
● 80자 이상 100자 이내로 정리해 쓸 것.

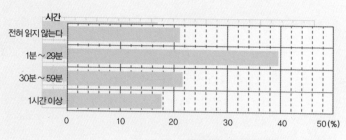

시간

| 전혀 읽지 않는다 |
| 1분~29분 |
| 30분~59분 |
| 1시간 이상 |

0　　10　　20　　30　　40　　50(%)

전국의 6학년생 약 110만 명을 대상으로 했으며,
토요일과 일요일은 제외한다. 만화나 잡지는 포함하지 않는다.

| **독서 정보** | 당신은 얼마나 책을 읽습니까?
〈집과 도서관에서의 하루 독서 시간〉(2007년 4월 조사)

　전국 초등학교 6학년의 평균 정답률은 32.8퍼센트였다. 또 무답률, 즉 전혀 답을 쓰지 않은 답안의 비율은 17.6퍼센트였다. 아키타 현 6학년생의 정답률은 48.6퍼센트로, 전국 평균 정답률보다 15퍼센트 이상 높은 수치였다. 무답률은 8.0퍼센트로 전국의 절반 이하이다.

　아키타 현 아이들의 학력이 '균형적'이라는 이유가 바로 여기에 있다. 지식과 기술뿐만 아니라, 그것을 활용하는 능력에서도 아키타의 아이들은 전국적으로 높은 수준이라고 할 수 있다.

활용력은 미래의 필수 학력

B문제는 2004년 일본의 교육계를 뒤흔든 'PISA의 충격' 이후에 만들어졌다.

2003년 경제협력개발기구OECD가 전 세계 41개국을 대상으로 '국제 학업 성취도 평가PISA'를 실시했는데, 일본 아이들의 학력이 이전(2000년)보다 크게 떨어진 것으로 나타났다. 그 결과에 문부과학성과 일본의 교육 관계자들은 크나큰 충격을 받았다.

PISA는 15세를 대상으로 독해력(국어), 수학적 능력(수학), 과학적 능력(이과) 등 세 분야의 능력을 조사하여 평가한다.

일본은 총 41개국 중 과학적 능력은 이전과 같은 2위였지만,. 독해력이 8위에서 14위로, 수학적 능력은 1위에서 6위로 하락한 것이었다.

PISA에 출제된 문제 유형이 바로 전국 학력 평가에서 활용하는 능력, 문제를 해결하는 능력, 평가하는 능력을 묻는 B문제였다. 실생활 속에서 일어날 만한 비교적 친근한 주제를 제시하고, 그것에 대해서 아이들이 스스로 생각하고, 판단하고, 문장으로 답을 쓰는(표현하는) 형식이다.

일본 아이들의 해답 결과는 이러한 능력이 매우 크게 떨어졌음을 보여준 것이었다. 사실 이 문제는 이전부터 많은 교육학자들이 일본 교육의 문제점으로 지적한 바 있었다. 그런데 그것을 숫자로 명확히 보여준 PISA의 결과를 통해서 그 우려를 현실로 자각하게 된 것이었다.

그 사실에 문부과학성도 크게 당황하지 않을 수 없었다.

"일본의 아이들에게 PISA형 학력을 키워주어야 한다"는 여론 속에서 시작된 것이 전국 학력 평가이고, 그것이 구체화된 것이 B문제의 출제였다. 그런데 그 B문제에서도 아키타의 아이들은 전국 최고의 성적을 거둔 것이다.

일본 최고 학력의 배경은?

아키타 아이들의 학력이 왜 높은지, 2007년 전국 학력 평가에서 어떻게 좋은 결과를 얻을 수 있었는지를 알아내기 위해서 아키타 현은 대학교수, 초중학교장, 교육위원회의 지도 담당자로 구성된 '아키타 현 검증개선 위원회'를 설치했다. 나는 그 위원회의 위원장으로서 아키타 아이들의 높은 학력의 배경에 대해서 다각도로 검토해나갔다.

● 학교에서 어떻게 학습하고 있는가?

- 선생님은 어떤 수업을 하고 있는가?
- 학부모는 자녀의 공부에 어떻게 관여하고 있는가?
- 아이들의 평소 생활은 어떠한가?

그리고 그것을 통해서 알 수 있었던 것은 놀라울 정도로 획기적이거나 새로운 방식의 공부법이 아니었다. 당연한 일을 당연하게 하는 아이들이 있었을 뿐이다.

그 당연한 일이란 무엇일까? 지금부터 자세히 알아보자.

1
장

아키타에는
특별한 것이 있다

★

평범한 생활 습관이 학력을 높인다 | 학급 붕괴와 수업 방해가 없다
자율적이고 적극적인 아이들 | 가정과 지역 사회의 중심이 학교다
규칙적인 생활과 정착된 가정학습 | 스스로 생각해 보는 즐거운 수업
활발한 토론과 의견 교환 | 방과 후 보충수업 서포트
가정, 지역, 학교의 강한 유대

아키타에는 특별한 것이 있다

평범한 생활 습관이 학력을 높인다

전국 학력 평가에서는 아이들의 생활 습관, 학습 상황, 환경에 대하여 아이들과 학교 양측에 질문을 하는데('아동 및 학생 질문지'와 '학교 질문지'), 그 결과를 보면 아키타 아이들의 평소 생활 모습을 알 수 있다. 몇 가지 예를 들어보자.

- 수업 태도가 좋다.
- 예의가 바르다.
- 학원은 거의 다니지 않지만 가정학습을 잘한다.
- 일찍 자고 일찍 일어나는 등 규칙적인 생활을 한다.
- 아침 식사는 집에서 가족과 함께 한다.

- 인사를 잘한다.
- 지역 행사에 참가한다.

아키타 아이들의 일상은 이렇게 지극히 당연한 것들이다. 이러한 것들이 아키타의 높은 학력을 유지토록 한다는 사실이 우리 위원회가 다양하게 분석한 결과 얻은 결론 가운데 하나이다.

학급 붕괴와 수업 방해가 없다

전국의 초등학교와 중학교에서는 학생의 난폭한 행동으로 인해 수업이 진행되지 못하는 '수업 불성립'과, 교사가 이러한 아이들에 대한 통제력을 잃어버림으로써 야기되는 '학급 붕괴'가 심각한 문제로 대두되었다. 그런데 아키타의 경우에는 그러한 학교가 매우 적다. 아키타의 아이들은 수업에 임하는 자세가 매우 좋기 때문이다.

전국 학력 평가의 '학교 질문지' 중에 "수업 중 잡담이 적고 침착하다고 생각합니까?"라는 질문이 있다. "그렇다고 생각한다"고 답한 아키타의 학교가 전국 평균에 비해 초등학교는 10포인트, 중학교는 약 20포인트 높은 비율을 나타냈다.

반대로 "그렇지 않다고 생각한다" 혹은 "그렇지 않다"고 대답한 학교는 거의 드물었다. 아키타는 학생의 난폭한 행동 때문에 수업이 진행되지 못하는 학교의 수가 전국에 비해 압도적으로 적음을 알 수 있다.

학습은 주로 학교에서 진행되는 수업으로 이루어지므로, 학력은 수업과 밀접한 관계가 있다. 그런데 수업이 이루어지지 않거나, 그 비슷한 상황이 되면 학력은 보장받을 수 없다. 따라서 수업이 제대로 진행되지 않는 것은 아이들에게서 학력을 키울 권리를 빼앗는 일이라고 할 수 있다.

필요한 만큼 학원에 다니고, 가정교사와 함께 공부할 수 있는 일부 아이들은 학교 밖에서도 학력을 키울 기회가 얼마든지 있다. 하지만 그러한 환경하에 있지 않은 아이들은 학교 수업 외에 달리 학력을 키울 장소가 없다.

그런 점에서 아키타에서는 많은 아이들이 학교 수업으로 학력을 키우고 있는 실정이다.

자율적이고 적극적인 아이들

아키타 각 지역의 초등학교와 중학교를 방문하면서 느낀 점은, 모든 아이들이 수업에 적극적으로 참여한다는 것이다. 지금까지 현縣 내의 여러 초등학교와 중학교를 방문했지만, '걱정스럽다'고 생각했던 수업은 손가락으로 꼽을 정도였다. 이렇게 초등학교든 중학교든 아키타의 아이들은 모두 수업에 충실했다.

국어 수업을 예로 들어보자. 인간의 신뢰와 우정의 문제를 다룬 다자이 오사무의 단편소설 〈달려라 메로스〉를 읽을 때, 선생님이 "여기에는 '왕의 얼굴은 창백하고'라고 되어 있는데, '왕의 얼굴은 파리하고'라고 한다면 어떻게 달라질까?" 하고 물었다. 아이들은 진지하게 생각한 후 곧바로 토론을 시작한다.

"'창백하다'고 하는 게 더 무서운 느낌이 들어요", "'파리하다'는 조금 연약하다고 할까, 창백하다보다는 절망적이

"이 단검으로 무엇을 할 작정이었는지 말해!"
폭군 디오니스는 조용히, 하지만 위엄 있게 다그쳤다.
왕의 얼굴은 창백하고 미간의 주름은 새겨 넣은 것처럼 깊었다.

_〈달려라 메로스〉에서

고 가망이 없다는 느낌이 덜해요", "'창백하다'는 소리의 느낌이 강해서 환자라는 인상을 더 풍기는 것 같아요" 하는 식으로 다양한 해석이 나온다. 선생님도 아이들의 대답에 대해서 적절하고 세심하게 조언을 해준다.

수학 수업도 마찬가지이다. "이 도형의 면적을 구하는 방식을 한번 생각해보자. 가능한 여러 가지 방식으로 풀어보는 것이 좋겠지" 하고 선생님이 말하면, 아이들은 다양한 풀이 방법을 찾기 시작한다. 그리고 각자의 방식에 대해 그룹으로 나누어 토론한 다음, 각 그룹의 대표가 학급 전체에 자신들의 풀이 방법을 설명한다. "먼저 가로세로로 두 개씩 보조선을 긋습니다. 그렇게 하면 같은 면적의 정사각형이 다섯 개 만들어집니다. 다음으로 그 가운데 하나의 정사각형의 면적을 구합니다. 한 변의 길이가 5cm이므로 5cm× 5cm=25cm^{2}가 됩니다. 마지막으로 그것을 다섯 배 하면 구하는 답이 나옵니다." "우선 한가운데에 가로세로로 두 개씩 보조선을 긋습니다. 그러면 같은 면적의 정사각형이 다섯 개가 됩니다. 다음으로 그것을 떼어서 옆으로 나란히 늘어놓습니다. 그렇게 하면 한 변의 길이가 5cm인 직사각형이 생

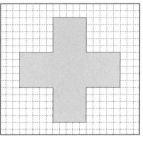

눈금 하나는 1cm

기는데, 이때 긴 변의 길이는 5cm×5cm이므로 25cm가 됩니다. 마지막으로 짧은 변과 긴 변, 즉 5cm×25cm를 계산하면 구하는 답이 나옵니다."

물론 이 두 가지 외에도 풀이 방법은 더 있을 것이다.

이런 과제에 대해서 아키타의 초등학생과 중학생 모두 적극적이고 진지하게 참여한다. 물론 선생님은 필요에 따라서 "다섯 개의 정사각형은 따로 떼어도 면적은 달라지지 않아요"라고 조언을 한다.

언젠가 한 중학교의 연구수업에 참가한 적이 있다. 여러 학급에서 연구수업이 이루어지기 때문에 나는 교장선생의 안내로 여기저기 교내를 이동해야 했다. 그러던 중에 문득 한 교실을 들여다보게 되었는데, 아이들이 조용히 수학 프린트 과제를 풀고 있었다. 선생님을 찾아보았지만, 교실에 없었다. 연구수업을 참관하기 위해서 다른 곳에 가 있다는 것이었다.

자습 시간에 선생님이 없으면 아이들은 '기회'다 싶어서 큰 소리로 떠들어대거나 교실 안을 돌아다니기 마련이다. 그런데 아키타의 학교에서는 선생님이 있든 없든 조용히 자습하는 것이 일상화되어 있는 듯 보였다.

가정과 지역 사회의 중심이 학교다

이런 적극적이고 자율적인 수업 태도는 어디에서 오는 것일까?

아키타에서는 가정과 지역이 학교에 매우 협조적이다. 따라서 언제든 교사와 학생에게 지원을 아끼지 않는다.

아키타 현 중앙의 다이센 시에 있는 초등학교를 방문했을 때의 일이다. 전교생이 60명 정도인 작은 학교이지만, 가정과 지역의 어른들이 학교 행사에 적극적으로 참가한다고 교장선생이 말했다.

학교에서 연극을 하면 어머니들은 의상을 준비하고, 아버지들은 도구를 만들어준다. 기타나 드럼 등의 연주가 필요할 때는 학부모의 친구나 졸업생의 부모까지 적극적으로 도와준다.

공연 당일에는 학부모는 물론이고 할아버지, 할머니, 심지어 동네 사람들까지 참석해서 공연장을 가득 채워준다. 이웃 농가에서는 밭에서 딴 채소를 직접 가져다주기도 한다.

또 부모와 지역 어른들이 봉사자로 학교를 방문해서 아이들에게 이야기를 들려주는 활동도 활발히 이루어진다.

이와 같은 아키타의 '지역 공동체'의 힘이 학교 교육을 유지하는 데 매우 크나큰 역할을 담당한다.

물론 가정과 지역의 적극적인 관심을 유도하기 위해서 학교도 노력을 게을리 하지 않는다. 예를 들면 전국 학력 평가의 '학교 질문지'에 있는 "지역 어른들이 자유롭게 수업 참관을 할 수 있는 학교 공개일을 마련하고 있습니까?"라는 질문에 대해 아키타의 초등학교와 중학교는 거의 100퍼센트가 "그렇다"고 대답했다. 전국 평균은 초등학교와 중학교 모두 약 80퍼센트로, 아키타보다 비율이 훨씬 낮았다.

아키타는 '학교통신'과 '학급통신'의 발행률도 전국 평균에 비해 상당히 높다. 이처럼 아키타에서는 아이들의 교육을 위해 학교가 앞장서서 가정 및 지역과 연계하려고 적극적으로 노력한다.

규칙적인 생활과 정착된 가정학습

가정과 학교의 강한 연계는 가정학습에서도 엿볼 수 있다. '아동·학생 질문지'의 "집에서 학교 수업을 복습합니까?"라는 질문에 아키타의 초등학생 중 약 80퍼센트가, 중학생 중 약 65퍼센트가 "한다" 혹은 "하는 편이다"라고 대답했다. 전국 평균과 비교했을 때 초등학교는 35포인트, 중학교는 25포인트 높은 비율이다.

아키타는 전국에서 학원에 다니는 아이의 비율이 가장 낮은 편이다. 도시의 경우 학원에서 복습하는 것도 포함될 수 있으므로, 일단 아키타와 학원 교습률이 거의 비슷한 다른 네 곳의 현과 비교해 보았을 때도 집에서 복습한다고 대답한 학생의 비율은 아키타 현이 가장 높다.

또 "집에서 스스로 계획을 세워 공부합니까?"라는 질문에 대해서도 초등학교와 중학교 모두 "한다" 혹은 "하는 편이다"라고 대답한 학생의 비율이 전국 평균에 비해 10포인트 정도 높다.

학교 수업이 가장 중요하지만 가정학습 습관도 학력을 키우는 데 매우 중요하다. 그런 점에서 아키타에서는 많은 아이들이 가정학습 습관을 가지고 있다.

스스로 생각해 보는 즐거운 수업

아키타의 학력을 말할 때 간과해서는 안 될 부분이 바로 학생을 가르치는 선생님의 높은 지도력이다. 우선 아키타에서는 대부분 아이들에게 자신의 생각을 글로 써서 발표하도록 가르친다. 그러므로 일부 아이들만 발언하는 식으로 수업이 진행되는 경우는 거의 없다.

'아동·학생 질문지'의 "국어 수업에서 목적에 따라 자료를 읽고, 자신의 생각을 말하거나 글로 씁니까?"라는 질문에 "그렇다" 혹은 "그런 편이다"라고 대답한 아이의 비율은 전국 평균보다 약 10포인트나 높았다.

또 아키타의 학교에서 특별히 두드러진 점은 수업 시간에 학생들끼리 의견을 교환하는 경우가 매우 많다는 것이다.

'아동·학생 질문지'의 "국어 수업에서 친구들과 의견을 교환하는 경우가 많습니까?"라는 질문에 "많다" 혹은 "그런 편이다"라고 대답한 아이의 비율은 전국 평균보다 20포인트나 높았다.

이것은 중학교 국어 수업에 관한 질문이기 때문에 그 이외의 과목에 대한 자료는 없지만, 실제로 아키타의 초등학교와 중학교 수업을 살펴보면 국어 이외의 수업에서도 적극적으로 의견을 교환한다.

예를 들어 국어 수업 시간에 "〈아기 여우 곤〉의 절정 부분은 어디인가?"라는 학습 과제를 제시했다고 하자. 아이들은 먼저 각자 생각한다. 그 다음에 그룹을 지어 토론하고, 학급 전체가 다양한 시점에서 검토한다. 아키타에서는 이런 수업 방식이 아주 당연하게 이루어진다.

산수·수학 수업에서도 "이 문제의 풀이 방법을 여러 가지로 생각해보시오"라는 과제를 제시하면, 아이들은 서너 가지의 풀이 방법을 생각한다. 그것을 진지하게 의논하면서 각각의 풀이 방법을 평가한다. 마지막으로 이 성과를 학급 전체의 것으로 만들기 위해서 선생님이 각각의 풀이 방법의 특징과 장점을 평가한다.

이렇게 다양한 생각을 말하고, 토론을 통해서 의견을 교환하는 것으로 수준 높은 학습을 진행해나갈 수 있다. 아이들의 여러 가지 의견이 서로 부딪치고 조화를 이룸으로써

아기 여우 곤

니미 난키치 글 | 가스야 마사히로 그림

1

이것은 내가 어렸을 적에 모헤이라는 동네 할아버지로부터 들은 이야기입니다. 옛날 우리 마을 근처의 나카야마라는 곳에는 작은 성이 있었고, 나카야마라는 성주가 살고 있었다고 합니다. 그 나카야마에서 조금 떨어진 산속에 '곤'이라는 여우가 살았습니다. 곤은 외톨이 아기 여우로, 풀고사리가 우거진 숲 속에 굴을 파고 살았습니다. 그리고 밤낮을 가리지 않고 마을에 내려가 장난을 쳤습니다. 밭에 들어가 감자를 파내어 흩뜨려놓거나, 유채 씨 껍질을 말리고 있는 곳에 불을 지르거나, 농사꾼의 집 뒤쪽에 매달아놓은 고추를 잡아떼기도 했습니다.

초등학교 4학년 국어 교과서에 실려 있는 〈아기 여우 곤〉.

새로운 발견을 하게 되고, 마침내 풍요로운 학습 환경이 만들어지는 것이다.

또한 스스로 생각하고 궁리하며, 이야기를 하거나 글로 쓰는 습관에 익숙해짐으로써, 아이들은 수동적인 학습 자세에서 벗어나 능동적이고 적극적인 학습 자세를 익히게 된다.

따라서 선생님과 그 과목을 잘하는 친구의 '정답'을 기다리는 일이 없어진다. 오히려 선생님의 평가와 반 친구들의 격려를 통해서 스스로 사고하는 즐거움과 가치를 실감하게 된 아이는 자신의 생각을 더욱 적극적으로 표현하기 위해서 더 노력하는 적극성을 띠게 된다.

활발한 토론과 의견 교환

또한 아키타 아이들의 특별한 능력으로 꼽을 만한 것이 바로 활용력을 묻는 B문제의 낮은 '무답률無答率'이다. 문제에 대한 답을 백지로 제출하는 아이가 매우 적다는 것이다.

프롤로그에서 소개한 국제 학업 성취도 평가PISA에서는 다른 나라에 비해 일본 아이들의 무답률이 특히 높은 것이 문제가 되었다.

전국 학력 평가에서 아키타 아이들의 무답률은 기술적

문제의 경우 전국 평균의 약 절반으로, 압도적으로 낮은 수치를 보였다.

이렇게 낮은 무답률은 앞서 소개한 의견 발표와 토론 및 의견 교환으로 이루어지는 수업 진행 방식의 성과라고 할 수 있다. 아키타의 아이들은 자신의 의견을 발표하고, 여러 가지 방법으로 생각해보는 일에 익숙하다. 시행착오를 반복하면서 생각을 발전시키는 즐거움을 알고 있는 것이다. 그래서 기술적인 문제에도 적극적으로 대답하려고 한다.

선생님이 언제나 유일한 '정답'을 가지고 그것을 아이들에게 주입하려고 한다면, 아이들은 실수를 할까봐 두려워하게 된다. 그 결과 아이들은 자신의 의견을 쉽게 말하려고 하지 않으며, 토론이나 의견 교환도 싫어하게 된다.

선생님은 아이들에게 키워줘야 할 능력이 무엇인지 명확히 인식하고, "자신의 생각을 말하는 것이 중요해", "실수를 두려워하지 말고 한번 말해보자", "다양한 의견 속에서 많은 것을 배울 수 있어" 하는 메시지를 끊임없이 전달하는 것이 중요하다.

아키타의 아이들은 토론과 의견 교환 수업을 통해 실수를 두려워하지 않고 자신의 의견을 말할 수 있는 습관을 가지게 되었다. 그 결과 표현력과 활용력이 요구되는 B문제와 같은 기술식에서도 적극적으로 대응하고 답하려는 능력을 보이게 된 것이다.

방과 후 보충수업 서포트

'학교 질문지'를 보면 아키타에서는 초등학교와 중학교 모두 '방과 후를 이용한 보충수업 지도', 즉 '보충수업'을 많은 학교에서 실행하고 있다고 답했는데, 이는 전국 평균에 비해 20포인트 높은 수치이다. '방학 기간을 이용한 보충수업 지도'에 대해서도 아키타의 경우 많은 학교에서 실행하고 있다고 대답했는데, 이는 전국 평균에 비해 초등학교는 10포인트, 중학교는 15포인트나 높았다.

그뿐만 아니라 초등학교와 중학교 모두 '학습 진도가 떨어지는 그룹'에 대한 소인원 지도와 개별 지도, 그리고 두 사람 이상의 교사에 의한 지도를 실행하는 학교 역시 전국 평균에 비해 15~20포인트나 높았다.

이러한 자료들을 통해 아키타에서는 교사들이 다양한 형태로 아이들에게 보충수업을 지도하고 있음을 알 수 있다.

무엇보다 아키타에는 학교 차원에서 조직적으로 보충수업 체제를 갖추고 있는 학교가 많다. 어쩔 수 없이 수학과 영어 보충수업이 많아지는 중학교의 경우, 수학이나 영어 교과 선생님뿐만 아니라 담당 교과가 아닌데도 많은 선생님들이 수학과 영어를 지도하는 시스템을 갖춘 곳도 있다.

그 외에 방과 후 보충수업을 통해 효과적인 가정학습 방법을 터득함으로써 가정학습의 충실도를 높이고, 학교에서의 보충수업 시간을 가능한 짧게 하는 초등학교도 있다.

결과적으로 보충수업이 아이들의 학력을 높이고, 가정학습을 충실하게 만든다. 보충수업을 통해서 부족한 부분을 이해한 아이는 즐거운 마음으로 수업에 임할 수 있다는 것이다.

가정, 지역, 학교의 강한 유대

지금까지 살펴보았듯이, 아키타의 높은 학력을 유지해주는 요소는 다음과 같이 요약해볼 수 있다.

- 적극적으로 수업에 참여하는 아이들의 자세.
- 학교의 호소에 대한 가정과 지역의 지원.
- 가정학습의 습관화.
- 의견 발표와 토론 및 의견 교환을 중시하는 수업 방식.
- 학교의 체계적이고 충실한 보충수업 실시.

아키타의 학력은 가정, 지역, 학교의 연계로 강하게 유지되고 있다. 이들 하나하나가 긴밀히 연결되고, 그 강한 연결고리가 중요한 의미를 갖는다.

다음 장에서는 그중에서도 특히 중요한 아키타의 '가정'을 살펴보면서, 학력 신장을 위해 가정에서 무엇을 해야 할지를 함께 생각해보자.

| 요약 | 아키타의 학력을 키우는 힘 1 활용 능력

스스로 생각하고, 표현하고, 평가하는 능력이 곧 학력이다.

- 자율적이고 적극적으로 수업에 임한다.
- 의견 교환과 토론이 활발히 이루어진다.
- 실수를 두려워하지 않고 자신있게 의견을 말한다.
- 학생들의 대답에 적절하고 세심한 조언이 이루어진다.
- 방과 후 다양하고 체계적인 보충수업이 실시된다.
- 학원 대신 복습 위주의 가정학습을 습관화하도록 지도한다.
- 학교통신과 학급통신의 발행률을 높여 가정의 관심을 유도한다.
- 가정과 지역 사회가 학교 교육과 활동에 적극 협조한다.

아이의 학력은
식탁에서 만들어진다

★

가족과의 대화는 사고력을 키우는 시작이다 ┃ 적절한 타이밍에 질문하고 의견을 말하라
아이의 질문에 바로 대답하라 ┃ 직업에 관해 아이와 대화하라
구체적인 에피소드로 공감하라 ┃ 말을 하지 않을 때 대처하는 법

아이의 학력은 식탁에서 만들어진다

가족과의 대화는 사고력을 키우는 시작이다

자녀의 학력을 키우는 데 가족 간의 대화가 반드시 필요하다. 전국 학력 평가의 결과를 살펴보면, 학교에서 일어난 일을 가족과 이야기하는 아이의 정답률이 높은 경향을 보였다.

가족 간에 대화가 가능한 것은 주로 식사 시간이다.

'아동·학생 질문지'의 결과를 보면, 아키타의 초등학생이 가족과 식사를 하는 비율은 아침 식사 67퍼센트, 저녁 식사 91퍼센트이고, 중학생은 각각 53퍼센트와 85퍼센트였다. 모두 전국 평균에 비해 높은 비율이다. 특히 가족과 아침 식사를 할 기회가 줄어드는 중학생의 경우에도 전국

학교에서 일어난 일을 가족과 이야기하는 아이의 정답률이 높은 경향을 보였다.
아키타의 초등학생이 가족과 식사하는 비율은 아침 식사 67퍼센트,
저녁 식사 91퍼센트이고, 중학생은 각각 53퍼센트와 85퍼센트였다.
모두 전국 평균에 비해 높은 비율이다.

평균에 비해 10포인트 이상 높았다.

가족과 식사를 하면 대화가 이루어진다. 그 자연스러운 커뮤니케이션이 큰 효과를 발휘한다.

이야기와 웃음을 나누는 것만으로도 부모와 자녀 사이는 더욱 돈독해지고, 부모에 대한 자녀의 믿음도 더욱 굳건해진다.

평소 아이와 대화도 하지 않고, 아이의 이야기를 듣는 둥 마는 둥 하며 웃지도 않고, 가끔 얼굴을 마주할 때면 잔소리나 주의만 하는 식이라면 가정교육이 제대로 이루어질 리 만무하다.

아이와 얼굴을 마주하고, 아이의 이야기에 귀를 기울이고, 말을 거는 것이 일상화되면 아이는 쉽게 변한다.

그러므로 가족이 오순도순 둘러앉아 아침과 저녁 식사를 함께 하는 것의 의미는 매우 크다고 할 수 있다.

물론 가정에 따라서는 매일 가족이 모여 함께 식사를 할 수 없는 경우도 있다. 그럴 때는 가족 가운데 누군가가 아이와 함께 식사를 하도록 한다. 할아버지나 할머니가 함께 식사를 하는 것도 무방하다.

그렇지만 가능한 아버지나 어머니와 함께 식사하는 시간을 만들도록 노력하는 것이 좋다. 아이가 혼자 밥을 먹는 것을 '개별 식사'라고 하는데, 이것은 아이에게 좋지 않으므로 어떤 방법을 써서라도 없애야 한다.

아이가 학원에 다닐 경우에는 저녁 식사를 함께 한다는 전제하에 학원 시간을 정하도록 한다. 나는 아이를 학원에 보내는 것에 대해서는 부정적으로 생각하지 않는다. 그러나 가족의 저녁 식사 시간을 포기하면서까지 학원에 보내는 것은 상당히 비효율적이라고 생각한다. 가족과의 식사 시간만큼 중요한 것은 없기 때문이다.

가족 간에 대화를 하게 되면 부모는 자신도 모르게 일방적으로 말을 하기 쉽다. 부모라면 당연히 '우리 아이는 이 부분이 부족해' 혹은 '이 점에 대해서는 꼭 주의를 주고 싶어' 하는 생각을 가지고 있을 것이다. 그러므로 초등학생이 되면 아이와 함께 있는 시간이 줄어들기 때문에, 식사 시간이나 혹은 가족이 한자리에 모일 기회가 생기면, 이때다 싶어 이런저런 잔소리를 늘어놓게 된다.

그러나 우선은 아이의 말에 귀를 기울여주어야 한다. 물론 아이의 이야기를 부정하거나 야단을 쳐서는 안 된다.

이야기를 들을 때는 "그렇구나", "정말?" 하고 맞장구를 치면서 주의 깊게 들어준다.

만약 아이가 남을 무시하거나 차별하는 말을 한다면, 그것은 절대 해서는 안 되는 일임을 가르쳐준 후에 야단을 쳐야 한다. 하지만 그 외의 경우에는 "그렇구나" 하면서 아이의 말을 받아준다. 적당한 때를 봐서 "대단한걸", "재미있겠네" 하고 자신의 감상을 말해주는 것도 효과적이다.

아이는 자신의 이야기에 부모가 적극적인 반응을 보이면 좋아한다. 그런 반응을 보고 부모가 자신의 존재를 인정하고 받아준다고 느끼기 때문이다.

적절한 타이밍에 질문하고 의견을 말하라

자녀와의 대화 중에 아이가 "그렇구나" 하고 수긍할 수 있도록 적절히 의견을 더해주면 아이에게 큰 힘이 된다. 상황을 보면서 적당한 때에 "그런데 엄마는 ~라고 생각해" 라는 식으로 가볍게 말해본다.

"아이의 말에 귀를 기울이라더니 이번에는 의견을 말하라고?" 하며 의아해할 수도 있을 것이다. 그러나 귀를 기울이는 것과 의견을 말하는 것 중 어느 한쪽이 더 중요한 것이 아니라, 양쪽 모두 필요하다.

대화란 서로의 생각을 추측하면서 흘려듣지 않고 섬세하게 나누는 것이다. 아무리 부모 자식 간이라도 아이의 생각과 느낌을 추측하면서 이야기를 들어주는 것이 중요하다. 그런 한편으로 가끔씩 질문을 하고 의견을 더해주는 것도

대화란 서로의 생각을 추측하면서

흘려듣지 않고 섬세하게 나누는 것이다.

아무리 부모 자식 간이라도

아이의 생각과 느낌을 추측하면서

이야기를 들어주는 것이 중요하다.

필요하다. 이것을 적절히 가려 할 수 있어야 한다.

아이와 대화를 나누다 보면 '이런 식으로 말하면 아이가 잘 반응하고, 다른 식으로 말하면 반발하는구나'라는 것을 깨닫게 된다. 그런 시간을 가짐으로써 부모도 아이와의 대화 능력을 키울 수 있다.

아이의 질문에 바로 대답하라

텔레비전이나 신문을 보다가 아이가 "글로벌이 뭐예요?" 하고 묻는다면, 그것은 아이와 대화할 수 있는 기회이므로 절대 귀찮다고 생각하지 말고 아는 대로 대답해주어야 한다.

바로 대답할 수 없거나 대답하기 어려울 때는 "좀 알아보고 대답해줄게", "시간 좀 주겠니?" 하고 말한 이후에 설명해주면 된다. 단, 그대로 잊어버리지 않도록 주의해야 한다.

반대로 부모가 먼저 "~에 대해서 어떻게 생각하니?" 하고 질문을 던져도 좋다. 중학생 정도 되면 뉴스에 관한 질문에도 대답해주어야 한다.

아이는 어느 정도 크면 "왜 ~일까?", "~하다니 이상해", "이해가 안 가" 하고 비판적이 되거나 이치에 맞는지 따지려고 든다.

예를 들면 "왜 공부를 해야 하는 거죠?", "어른이 되면 인수분해가 필요한 것도 아닌데, 왜 지금 이걸 공부해야 해요?" 하고 물어볼 때가 있다. 그럴 때는 피하지 말고 아이의 의문에 같이 생각해보는 것이 중요하다.

이러한 질문에는 선생님이라도 간단히 대답할 수 없다. 멋진 답을 해야 하는 것은 아니다. "듣고 보니 그렇구나. 지금까지 한 번도 그런 생각은 해본 적이 없단다" 하고 솔직히 말하도록 한다. 그리고 "그런 의문을 갖는 것도 좋다고 생각해", "어떻게 그런 재미난 생각을 했니?" 하고 칭찬해줘도 좋을 것이다.

그런 식으로 아이의 질문이나 의문을 소중히 여기는 자세가 중요하다.

직업에 관해 아이와 대화하라

어른들 중에는 회사 일을 집에 가져가지 않는다거나, 일 이야기는 가정에서 하지 않는 것이 좋다는 생각을 가진 사람이 적지 않다. 그러나 부모가 어떤 일을 하는지 아이에게 말해주는 것은 매우 중요하다.

부모가 어떤 일을 하는지 알면 아이는 직업관을 가지게 된다. 다양한 관점으로 사회를 바라보게 되고, 그것은 배움에 대한 의욕으로 이어진다.

아이는 성장하면서 '나는 누구인가?'에 대해 생각한다. 그 과정에서 아이들은 장래 자신의 직업에 대해 꿈꾸게 된다. 간호사, 프로야구 선수 등 동경하는 직업을 떠올리면서 '될 수 있을까', '될 수 없을까' 이리저리 생각해보는 것이다.

몇 년 전 무라카미 류의 《13세의 할로워크》가 베스트셀러가 되었다. 의외로 아이들에게는 직업에 관한 정보가 많지 않다. 그래서 아이들은 '직업'과 '사회'를 더 많이 알고 싶어 한다.

최근에는 학교에서도 직업관을 키우는 지도를 한다. 그러나 무엇보다 부모의 '살아 있는 이야기'가 가장 큰 힘이 된다. 부모는 자신의 직업에 대해서 자녀에게 많은 이야기를 들려주어야 한다. 어떤 일을 하는지, 어떨 때 기쁘고 자긍심을 느끼는지를 자녀에게 들려주는 것이 좋다.

구체적인 에피소드로 공감하라

아이에게는 가능한 구체적으로 부모의 직업에 대해서 말해준다.

예를 들어 생활설계사 일을 하는 어머니라면 "엄마는 사람들에게 보험을 권하는 일을 하고 있어. 보험은 매달 보험료를 받아서 그 사람이 사고를 당하거나 병에 걸렸을 때 돈을 내주어 도와주는 거야. 어떤 보험이 그 사람에게 맞는지 적절히 조언하는 게 가장 중요하단다."

제과사인 아버지라면 "아빠는 공장에서 과자를 만든단다. 화과자라고 하는, 옛날부터 전해 내려오는 전통 과자지. 매화처럼 계절에 맞는 모양이나 색깔의 과자를 만드는 것이 어렵긴 하지만 아주 재미있단다. 주문이 밀릴 때는 쉴 시간도 없어서 어깨가 많이 결리지만 말이야" 하는 식이다.

물론 매일 이야기할 필요는 없다. 기회가 생기면 자연스럽게 들려주는 것이 좋다. 예를 들어 텔레비전에서 뉴스를 보다가 자신의 직종이나 업계에 대한 소식이 나오면, "아빠 회사는 저것과 비슷한 일을 하는 곳이야" 하고 말해주면 된다.

부모의 직업을 아는 것으로 아이는 직업관을 가지게 된다. 아이가 초등학교 고학년이나 중학생 정도 되면 부모가 일을 하면서 어렵고 힘들었던 점을 들려주는 것도 좋다. 이 부모의 직업을 아는 것으로 아이는 직업관을 가지게 된다.
아이가 초등학교 고학년이나 중학생 정도 되면
부모가 일을 하면서 어렵고 힘들었던 점을 들려주는 것도 좋다.
이것은 아이에게 평소와는 다른 부모의 모습을 느낄 기회가 된다.

것은 아이에게 평소와는 다른 부모의 모습을 느낄 기회가 된다. 미처 몰랐던 부모의 모습을 이야기해주면 아이는 의외로 좋아한다.

어렵고 힘들었던 점을 이야기할 때도 구체적인 에피소드를 섞어 재미있게 말해주도록 한다. 단순한 푸념은 아이의 기분을 어둡게 만들 뿐이다. "사실은 이런 일을 하는데, 지금은 조금 어려워" 하는 식으로 힘든 것도 밝게 말한다.

구체적으로 이야기하면 아이도 대화에 동참하기 쉬워진다. 경우에 따라서는 "넌 어떻게 생각하니?" 하고 물어봐도 좋다. 그러면 "아빠, 이렇게 하면 어때요?" 하고 의외로 아이에게서 좋은 의견을 얻을 수도 있다.

말을 하지 않을 때 대처하는 법

사춘기가 되면 아이는 부모와 대화를 하지 않으려고 한다. 개인차는 있지만 초등학교 5, 6학년부터 그런 경향이 나타난다. 일반적으로는 여자아이가 남자아이에 비해 그 시기가 조금 빠르다.

부모는 갑자기 말을 하지 않는 아이의 변화에 당황하거나 화를 내게 된다. 머리로는 사춘기라는 것을 알지만 입을 꽉 다문 아이를 보면 "왜 말을 안 하는 거야, 도대체 불만이 뭐야" 하고 소리치고 싶다.

그렇지만 화를 내거나 설교를 해서는 안 된다. 이것은 아이가 어른이 되기 위해 겪어야 할 중요한 과정이다. 그런 시기에 아이는 부모와의 새로운 '거리', 새로운 '관계'를 발견하려고 한다. 그러므로 절대 흥분하지 말고 원래 그런 것이라고 받아들인다.

반대로 아이를 특별하게 취급하거나 과민하게 신경 쓸 필요는 없다. 전혀 달라진 것이 없는 것처럼 태연하고 자연스럽게 대하도록 한다.

그러나 그 시기에도 가족과 함께 식사를 하는 등 가능한 같이하는 자리를 만드는 것이 중요하다. 아이가 입을 다물어도 가족 간의 대화는 이어질 수 있다. 자신은 말하지 않더라도 아이는 가족의 대화에 귀를 기울인다. 그것으로 충분하다.

그리고 가끔은 부모 쪽에서 "있잖아, 이런 일이 있었어" 하고 말을 걸어주는 것이 좋다. 이때는 강요라는 느낌이 들지 않도록 가볍게 말을 건다. 그것으로 아이가 뭔가를 말했을 때는 고개를 끄덕이거나 기뻐해준다. 만일 입을 다문 채 아무 말도 하지 않으면 그것으로 충분하다고 받아들인다. 때가 되면 아이 쪽에서 먼저 말을 한다.

하지만 그런 것과는 별도로 아이의 말수가 갑자기 줄어드는 경우도 있다. 예를 들면 학교에서 좋지 않은 일이 생겼을 때이다. 아이를 지켜보다가 그런 상태가 계속되면 본인에게 직접 물어보거나 선생님과 상의하도록 한다.

| 요약 | 아키타의 학력을 키우는 힘 2 자녀와의 유대

가족과 함께 식사하는 아이가 문제 해결 능력이 뛰어나다.

- 아침과 저녁 식사를 가족과 반드시 함께 먹는다.
- 저녁 식사를 함께한다는 전제하에 학원 시간을 정한다.
- 식사중에 학교에서 일어난 일을 자연스럽게 물어본다.
- 아이의 이야기에 주의를 기울이고 적극적으로 반응한다.
- 적절한 타이밍에 질문하고 의견을 말한다.
- 아이의 질문에는 반드시 아는 대로 솔직히 대답한다.
- 부모가 어떤 일을 하는지 구체적인 에피소드와 함께 말해준다.
- 아이가 말을 하지 않아도 화내거나 조바심내지 않는다.

3
장

인사가
아이의 학력을 높인다

★
인사는 대화 능력을 기르는 시작이다 | 큰 소리로 인사하면 꼭 칭찬하라
시선을 맞추어 마음을 전달하라

인사가 아이의 학력을 높인다

인사는 대화 능력을 기르는 시작이다

"안녕히 주무셨어요", "안녕하세요", "안녕히 가세요", "고맙습니다"와 같은 인사는 매우 중요하다. 아이들이 앞으로 담당하게 될 일에서도 사람과의 관계는 중요한 의미를 가지기 때문이다. 요즘 젊은이들은 대화 능력이 부족하다고 하는데, 대화의 출발점은 바로 인사이다. 인사 없는 대화는 있을 수 없다.

아키타의 여러 학교를 방문해보면, 학교에 찾아온 '손님'인 나를 보고도 아이들이 먼저 "안녕하세요" 하고 적극적으로 인사를 한다. 물론 학교 지도의 영향이 클 것이다. '학교 질문지'에서 "학교와 지역에서 인사를 하도록 지도

합니까?"라는 질문에 대해 아키타 내의 초등학교와 중학교의 90퍼센트가 "하고 있다"고 대답했다. 이것은 전국 평균에 비해 초등학교는 10포인트, 중학교는 14포인트가 높은 비율이다.

물론 학교의 지도만으로는 안 된다. 역시 인사는 가정교육에서부터 이루어져야 하기 때문이다.

가정에서 아이에게 인사를 가르칠 때는 부모가 모범을 보이는 것이 중요하다. 아침에 일어났을 때는 "잘 잤니?", 외출할 때는 "다녀올게", 집에 돌아왔을 때는 "아빠(엄마) 왔다", 그리고 잠자리에 들 때는 "잘 자라", 또 뭔가를 받았을 때는 "고맙다" 하고 인사를 한다. 인사는 아이뿐만 아니라 주위 사람들에게도 적극적으로 해야 한다.

인사를 잘하는 가정에서 자란 아이는 가족이나 주위 사람에게 깍듯이 인사한다.

물론 부모가 "잘 잤니?" 하고 인사를 해도 처음에는 아무 말도 하지 않는 아이가 있다. 그럴 때에도 신경 쓰지 말고 부모부터 적극적으로 인사를 한다.

내가 교장으로 있는 부속초등학교의 아이들도 마찬가지이다. 대개는 아이들이 먼저 인사를 하는데, 개중에는 '교장선생님'을 보고 당황했는지 인사를 하지 않는 아이도 있다. 그럴 때 내가 먼저 웃으면서 "안녕" 하고 말하면 모두,

아키타의 여러 학교를 방문해보면, 학교에 찾아온 '손님'을 보고도
아이들이 먼저 "안녕하세요" 하고 적극적으로 인사를 한다.
아키타에서는 전국 평균을 크게 웃도는 90퍼센트의 학교가
아이들에게 인사를 지도하고 있다.

한 번에 아이들 전부를 보려 하지 말고

누군가 한명에게 시선을 주도록 하라.

그리고 잠깐이라도 좋으니

그 아이에게 시선을 맞춰라.

'포착 시선'은 마음의 벽을 허문다.

"안녕하세요" 하고 인사를 한다.

"왜 엄마 아빠가 먼저 말을 걸어야 하니?" 하고 말하는 것은 어른의 쓸데없는 편견이다. 그런 말을 하면 아이는 점점 더 인사를 하지 않게 된다. 만약 아이가 인사를 하지 않는다면 부모 쪽에서 먼저 인사 하는 것도 좋은 방법이라고 생각한다.

사춘기가 되면 부모가 먼저 인사를 해도 못 들은 척할 때가 있는데, 이때에도 끈기를 가지고 인사를 계속한다. 절대 아이에게 화를 내거나 포기해서는 안 된다. 그러다보면 아이도 "어? 응" 하며 반응을 보이고, 차츰 인사를 하게 된다.

큰 소리로 인사하면 꼭 칭찬하라

아이가 인사를 하면 부모도 반드시 소리를 내어 대답한다. 고개만 끄덕이거나 "그래", "응" 하고 끝내서는 안 된다.

"안녕히 주무셨어요?" 하고 인사했을 때 부모가 "잘 잤니?" 하고 말하면, '내 인사에 엄마 아빠가 대답해주는구나' 싶어 아이의 기분도 좋아진다.

그런 경험을 반복하는 것으로 아이는 '인사는 기분 좋은 것'이라는 생각을 가지게 된다. 그 결과 인사하는 것은 자연스럽게 습관으로 정착된다.

반대로 무시당하면 슬프고 기분이 나빠진다. 어른도 마찬가지이다. 회사에 출근했을 때 "안녕하세요"라고 인사를 했는데 주위의 반응이 전혀 없다면, 그것만으로도 일할 의욕이 싹 사라져버린다.

아이가 인사를 하면 부모도 큰 소리로 인사하자. 내 아이든 남의 아이든 똑같다. 또 아이가 큰 소리로 인사를 하면 "인사 정말 잘하네", "그렇게 씩씩한 인사를 받으니 기분이 좋은걸" 하고 칭찬해주는 것이 좋다.

그러면 아이는 더욱 인사성이 밝아질 것이다.

시선을 맞추어 마음을 전달하라

인사를 할 때 고개만 까딱 숙여서는 안 된다. 큰 소리로 인사를 하는 것이 중요하다. 아이에게도 소리 내어 인사하는 법을 가르치도록 한다.

병원에 건강검진을 받으러 갔는데, 간호사가 이름을 부르면 대답도 하지 않고 진찰실로 들어가는 어른이 적지 않은 것을 보고 놀란 적이 있다. 그래서는 상대방의 말에 응한 것이라고 할 수 없다. 이름을 부르면 "네" 하고 소리 내어 대답하는 것이 상식이다.

인사도 마찬가지이다. 소리를 내지 않고 고개만 숙여서는 상대에게 자신의 마음을 충분히 전할 수 없다.

소리를 내면서 시선까지 맞추면 매력적인 인사가 될 수 있다. 그런데 이 시선 맞추기가 생각보다 쉽지 않다. 예를 들면, 학교 선생님을 지망하는 대학생들이 초등학교와 중학교로 교생실습을 나갔을 때 자주 하는 말들이 교실 내에서의 시선 처리에 대한 것이다.

집중된 아이들의 시선에 어떻게 대응해야 좋을지 몰라서 당혹스럽다고들 한다. 일상에서는 그런 경험을 할 일이 거의 없으므로, 당황스럽고 난처한 것이 어쩌면 당연하다.

그럴 때 나는 "한번에 아이들 전부를 보려 하지 말고 누군가 한 명에게 시선을 주도록 하라"고 조언한다. 그리고 "잠깐이라도 좋으니까 그 아이에게 시선을 맞추는 것이 좋다"고 말한다. 나는 이것을 '포착 시선'이라고 부른다.

반대로 시선을 한 곳에 맞추지 않고 쓱 흘려버리는 것을 '흐름 시선'이라고 한다. 이것은 사실은 보고 있는 것 같지만 제대로 보지 않는 것을 말한다. 시선을 맞추지 않으면 교사는 아이의 기분을 알 수 없다. 따라서 아주 짧은 시간이라도 아이에게 시선을 맞추는 것이 중요하다.

축구 경기에서도 '시선 맞추기'의 중요성이 자주 이야기되는데, 이것은 다음 동작을 암시할 뿐 아니라 팀으로서의 일체감을 강하게 하는 의미도 있다.

이 '포착 시선'은 평소에 인사를 할 때도 사용할 수 있다. 잠깐이라도 아이의 눈을 보면서 "잘 잤니?" 혹은 "잘 다녀오너라" 하고 말한다.

부모가 시선을 맞추면서 인사를 해도 처음에는 아이가 눈을 맞추려고 하지 않을 수도 있다. 그래도 크게 신경 쓸 필요는 없다. 시선을 맞추는 것은 어른도 하기 어렵기 때문이다. 처음부터 제대로 시선을 맞추며 소리 내어 인사하는 것은 아이에게 무리한 요구이다. 시간이 지나면 차츰 그런 인사를 할 수 있게 된다. 부모가 일상에서 자연스럽게 인사하면 아이도 점점 그것에 익숙해진다.

| 요약 | 아키타의 학력을 키우는 힘 3 대화 능력

인사하는 습관은 대화 능력을 키우는 시작이다.

- 아이의 반응에 상관없이 부모가 먼저 적극적으로 인사하는 모범을 보인다.
- 아침에 일어날 때, 외출할 때, 귀가할 때, 잠자리에 들 때, 무언가를 받았을 때 꼭 인사로 대화를 시작한다.
- 손님에게도 스스럼없이 인사하도록 지도한다.
- 큰 소리로 인사하면 반드시 대답하고 칭찬한다.
- 인사는 기분 좋은 것이라는 생각을 갖게 한다.
- 아이의 눈을 맞추는 '포착 시선'을 통해 마음의 벽을 허문다.

4
장

아이를 칭찬하는
프로가 되라

★
칭찬을 8번 하면 꾸중은 2번 하라 | 좋은 점을 자세하게 칭찬하라
칭찬은 그 자리에서 하라

아이를 칭찬하는 프로가 되라

칭찬을 8번 하면 꾸중은 2번 하라

다른 나라와 비교했을 때 일본의 아이들은 '자존 의식自存意識', 즉 스스로에 대한 자긍심이 낮다. "나는 공부를 못해", "나는 못하는 게 많아" 하면서 자신감이 없거나 자신을 소중한 존재로 생각하지 않는 아이가 많은 것이다. 이것이 심해지면 스스로 가치 없는 인간이라고 느끼게 된다.

국제 학업 성취도 평가PISA의 결과에서도 일본은 "수학을 잘한다"고 느끼는 아이들의 비율이 낮고 "수학 문제를 풀때 수학 성적에 대해 불안을 느낀다"는 비율이 높은 것으로 나왔다.

하지만 그런 아이들의 성적이 꼭 나쁜 것은 아니다. 못하는 것이 아닌데도 스스로에게 자신감을 갖지 못하는 것이다.

그 원인으로 여러 가지를 생각할 수 있는데, 가장 큰 이유는 어릴 때부터 시작되는 '서열화'이다. 최근에는 도쿄를 비롯한 대도시를 중심으로 사립 중학교 입시를 치르는 아이들이 급증하면서 초등학교 고학년부터 이미 이러한 서열화가 시작되었다.

아키타의 경우에도 대도시만큼은 아니지만 고교 입시 전에는 뚜렷한 서열화가 일어난다. 그러한 서열화 속에서 많은 아이들이 공부든 뭐든 '나는 할 수 없다'라는 의식을 가지게 된다. 그리고 그 서열화를 당연한 듯 아무 비판 없이 받아들이는 부모의 자세와 부모의 말이 아이의 자존 의식을 더욱 끌어내리는 경우도 있다.

그런 아이들의 자존 의식을 회복시키려면 우선 어른들이 칭찬을 많이 해주어야 한다. 사람을 가르치고 키우는 데 칭찬은 매우 중요하다. 교육계에 몸담은 지 그럭저럭 30년이 되어가는 나는, 선생님과 부모의 칭찬이 계기가 되어 자신감을 얻은 아이들이 많은 일에 도전하여 성공한 사례를 수없이 목격한 바 있다.

물론 꾸짖는 것도 중요하다. 그러나 칭찬이 먼저이다. 많이 칭찬하는 것을 전제로 하고, 그 가운데 꾸중은 조금만

한다. 비율로 따지면 칭찬 8번에 꾸중은 2번이 적당하다. 꾸짖기만 하고 가끔 칭찬하는 것이 아니라, 칭찬하면서 가끔 꾸짖는다. 아이는 실패를 하면서 성장한다. 그때 실패를 꾸짖거나 앞질러 실패하지 않도록 막으면, 아이는 풍요로운 경험을 통한 성장을 할 수 없다.

칭찬 속에서 아이는 커나간다. 칭찬받는 것은 아이에게 기쁨이다. 그것은 공부뿐만 아니라 모든 것을 긍정적이고 적극적으로 받아들이는 원동력이 된다.

실제로 전국 학력 평가에서 '나는 좋은 점이 있어'라고 생각하는 아이의 정답률이 높은 경향을 보였다.

좋은 점을 자세하게 칭찬하라

그렇다면 아키타의 가정에서는 자녀를 어느 정도로 칭찬할까? 내가 방문한 많은 학교에서는 "아이를 칭찬하자"고 가정에 적극적으로 조언하고 있었다.

아키타의 경우에는 수업이나 수업 외의 자리에서도 선생님들이 적극적으로 아이를 칭찬해준다. 내가 각 학교를 방문했을 때도 실감한 바 있는데, 단순히 "잘했다"고 칭찬하는 것이 아니라, 아이의 해답 가운데 좋은 부분을 들어서 구체적으로 칭찬한다.

부모가 아이를 칭찬할 때도 구체적으로 해야 한다. 물론 단순하게 "잘하네", "잘했어", "훌륭해"라고 말하는 것도 나쁘지는 않지만, 무엇을 잘했는지 정확하게 짚어주는 것이 중요하다.

그렇게 하기 위해서는 자녀에 대해 정보통이 되어야 한다. 그것이 칭찬의 프로가 되는 지름길이다. 부모가 칭찬하는 내용 중에는 아이 자신이 미처 깨닫지 못한 점도 있다. 생각지 못한 부분에서 칭찬을 받으면 아이는 더욱 기뻐한다.

가령 "○○ 선생님이 분수 공부를 할 때 네가 발표한 내용이 아주 알기 쉬웠다고 칭찬하셨어" 혹은 "전에는 못했던 ○○를 이제는 잘할 수 있게 됐구나" 하고 구체적으로 칭찬한다. 자신의 좋은 점을 자세히 말해주면 아이는 '더 열심히 해야지'라고 생각하게 된다.

개중에는 "우리 아이는 칭찬할 게 없어요"라고 말하는 부모도 있을 텐데, 절대 그렇지 않다. 이전에 비해 조금이라도 좋아진 점이 있으면 그것을 칭찬하면 된다.

예를 들어 '실패' 했어도 도전한 것 자체를 칭찬한다. 시험 점수를 40점 받아왔어도 이전보다 오른 점수라면 "10점이나 올랐네, 잘했어" 하고 칭찬한다. 점수가 떨어졌어도

"이전에 틀렸던 문제를 이번에는 잘 풀었네", "이건 확실히 잘하게 됐구나" 하고 칭찬한다. 그런 작은 칭찬이 아이를 기쁘게 한다. 그리고 그것은 더 열심히 하고자 하는 의욕으로 이어진다.

또 "고맙다, 네가 도와주지 않았으면 이렇게 빨리 끝내지 못했을 거야" 하고 감사의 말을 하는 것도 칭찬의 하나이다. 작은 일에도 아이에게 감사의 말을 해주는 것이 좋다.

그러나 구체적으로 칭찬하려면 아이를 잘 관찰해야 한다.

관찰 방법은 다양하다. 식사 시간을 예로 들어보자. 밥을 먹으면서 대화를 하다 보면 아이로부터 이런저런 이야기를 들을 수 있을 테고, 또 학교에서 나누어주는 통신문이나 알림장에도 아이를 칭찬할 만한 힌트가 숨어 있다. 물론 선생님한테 좋은 정보를 직접 듣는 방법도 있다.

학부모들과의 대화나 이웃의 이야기도 좋은 정보가 된다. "우리 딸이 그러는데, ○○가 구기대회에서 5점이나 넣었대요" 하고 생각지 않은 정보를 들을 수도 있다. 그 외에도 학원 선생이나 스포츠 소년단 지도자 등 아이와 관련된 모든 사람들과 적극적으로 의사소통함으로써 정보를 모을 수 있다.

아키타 현의 학교에서는
'아이를 칭찬하자'고 가정에 적극적으로 조언한다.
선생님들은 수업이나 수업 외의 자리에서도
적극적으로 아이를 칭찬한다.
또 단순히 "잘했다"고 칭찬하는 것이 아니라,
아이의 좋은 점을 구체적으로 칭찬한다.

칭찬은 그 자리에서 하라

칭찬하는 내용도 중요하지만 칭찬하는 방법은 더욱 중요하다. 직구를 날리듯이 직접 칭찬할 수도 있고, 커브를 던지듯이 에둘러 칭찬할 수도 있다. 따라서 칭찬의 다양한 방법을 생각해볼 필요가 있다. 그런 방법에 대해서 몇 가지 알아보자.

우선, 그 자리에서 칭찬하는 것이다. 이것은 기본인 동시에 가장 효과적인 방법이다.

조금 시간을 둔 후에 칭찬하는 방법도 있다. 이것은 그 자리에서 칭찬하기 어려울 때 사용할 수 있는 방법이다.

예를 들면 기회를 봐서 "그러고 보니 그때 네가 ○○○라고 말했잖아, 그때 엄만 정말 기뻤어" 하는 식이다.

그 외에도 다른 사람에게 직접 칭찬을 부탁하는 방법이 있다. 예를 들면 담임선생님에게 "우리 아이가 매달 한 번씩 양로원에 봉사 활동을 가는데, 기회가 될 때 칭찬해주세요" 하고 부탁한다.

또 부모가 칭찬한 것을 제삼자를 통해 아이에게 전해지도록 할 수도 있다. "요즘 설거지를 잘 도와줘서 너희 엄마가 아주 좋아하시더라" 하고 말하도록 부탁하는 것이다. 이것은 선생님이나 친척, 할아버지와 할머니에게 부탁할 수도 있고, 어머니가 아버지에게, 아버지가 어머니에게 부탁할 수도 있다.

학습 자존감이 높은 아이가 정답률이 높다.

- 칭찬을 8번 하면 꾸중은 2번 하라.
- 꾸짖기만 하지 말고, 칭찬하면서 가끔 꾸짖는다.
- 단순히 '잘했어' '훌륭하다' 하지 말고, 무엇을 잘했는지 구체적으로 정확히 칭찬한다.
- 아이에 관한 한 정보통이 되어야 한다.
- 이전에 비해 조금 좋아진 것이라도 반드시 칭찬한다.
- 실패했어도 도전한 것 자체를 칭찬한다.
- '고맙다'는 감사의 말을 전하는 것도 칭찬의 하나다.
- 식사 시간의 대화, 통신문이나 알림장, 선생님의 조언 속에서 칭찬할 거리를 찾는다.
- 칭찬은 반드시 그 자리에서 한다.
- 그 자리에서 칭찬하기 어려울 땐 조금 시간을 둔 후에 칭찬한다.
- 선생님, 다른 가족, 지인에게 직접 칭찬해주도록 부탁한다.

5
장

우리 집만의
특별한 규칙을 만들라

★
학력의 키워드, 예의 바른 아이로 키우라
해서는 안 되는 것, 하지 않으면 안 되는 것을 정하라 | 규칙을 어겼을 때 대처하는 법
체벌은 절대로 금물이다 | 억지 부리는 아이를 설득하는 법

우리 집만의 특별한 규칙을 만들라

학력의 키워드, 예의 바른 아이로 키우라

우리가 흔히 말하는 "규칙을 잘 지킨다", "예의가 바르다"고 하는 것들은 학력과 깊은 관계가 있다. 정해진 규칙이나 약속을 지키려는 자세, 주위 사람을 소중히 여기는 자세는 곧 수업에 임하는 자세, 숙제나 가정학습을 지속적으로 해나가는 자세와도 연결된다.

전국 학력 평가에서는 아이들이 "예의 바르다"고 대답한 학교가 정답률이 높은 경향을 보였다.

아키타에서는 그 질문에 "그렇다", "그런 편이다"라고 대답한 학교가 초등학교는 92.8퍼센트, 중학교는 약 96.2퍼센트였다. 이것은 전국 평균에 비해 초등학교는 12포인트,

중학교는 23포인트 높은 비율이다.

아키타의 아이들은 대체적으로 예의가 바르다. 그리고 그것은 아키타의 아이들이 적극적으로 배우려는 자세와도 관련이 있다고 생각된다.

이것은 단순히 어른의 말을 잘 듣는다거나, 비판적인 사고를 갖지 않는다는 것과는 다르다. 필요한 규칙을 지키고 예의 바른 행동을 하는 것과, 어른들로부터 차츰 자립하고 비판적인 사고력을 갖는 것은 서로 양립한다.

해서는 안 되는 것, 하지 않으면 안 되는 것을 정하라

아이에게 규칙을 지키는 자세와 예의를 익히게 하려면 학교의 지도가 중요하다. 그러나 기본적인 것은 역시 가정에서의 교육이다.

어릴 때부터 아이에게 '해도 되는 것'과 '해서는 안 되는 것', '하지 않으면 안 되는 것'을 정확히 가르쳐야 하지만, 그렇다고 해서 "이것도 안 되고, 저것도 안 된다"고 하면서 강제해서는 안 된다. 아이가 위축되기 때문이다. 그러면 아이는 불안을 느끼고 늘 긴장하게 된다. 또 부모에게 어리광을 부릴 수도 없다. '어리광'은 아이가 성장하는 데 매우 중요한 요소이다.

그러므로 '해서는 안 되는 것'과 '하지 않으면 안 되는 것'을 몇 가지 정해둔다. 그 대신 정해둔 것에 대해서는 반드시 지키도록 하는 것이 중요하다.

이때 어느 선까지 허용하느냐가 문제인데, 이것으로 고민하는 부모가 적지 않다.

왜냐하면 그것을 혼자서 정하려고 하기 때문이다. 어떤 일이든지 혼자 생각하면 쉽게 결정할 수 없다. 편견이나 독선이 생길 수도 있다. 따라서 주위의 누군가와 상의해서 결정하는 것이 좋다. 가장 좋은 것은 부부 간에 상의해서 정하는 방법이다.

무엇을 선택할지는 가정에 따라 다르다. 가령 우리 집의 경우 '인사'에 대해서만큼은 딸들에게 비교적 엄격히 요구했다. "안녕히 주무셨어요", "안녕히 주무세요", "고맙습니다"와 같은 생활 속의 작은 인사가 그것이다.

또 나는 부모님(아이들의 조부모)과 함께 살기 때문에 노인에 대한 배려에 관해서도 각별히 주의를 주었다. 특히 노인과 대화할 때의 말투에 대해서 잔소리를 많이 했을지도 모른다. 이렇게 각 가정에서 관심을 가지고 필요하다고 생각되는 것을 정하면 된다.

선생님과 상의해보는 것도 좋다. "우리 아이가 이런 말투를 쓰는데, 선생님은 어떻게 생각하세요?" 하고 물어보면 "요즘 아이들은 다 그래요, 특별히 신경 쓰실 필요 없습니다" 혹은 "그건 조금 심각한데요" 하고 대답해줄 것이다.

그런 선생님의 의견을 힌트로 해서 기준을 정하는 것도 한 방법이다. 여러 사람의 의견을 들어보면 결정하기가 훨씬 더 수월해진다.

규칙을 어겼을 때 대처하는 법

이번에는 아이의 반응에 어떻게 대응해야 하는지를 구체적으로 생각해보자.

부모는 아이에게 '저 일은 어떻게 해서든 못 하게 하고 싶다'고 생각하면 조바심이 난다. 그 결과, 아이가 부모의 말을 무시하거나 규칙을 위반할 때마다 화를 내게 된다. 하지만 그렇게 의욕만 앞서면 아이가 반발하는 것 이상으로 부모도 당황하게 된다.

이때는 끈기 있게 요구하되 화를 내서는 안 된다. 큰 소리로 화를 내는 것이 아니라, "그런 말투는 쓰지 않는 게 좋겠지" 하는 식으로 인내심을 가지고 설득한다. 따라서 작은 소리로 천천히 말하는 것이 효과적이다.

부모 스스로 난폭한 말을 쓰거나 규칙을
위반하지 않겠다는 마음가짐을 가져야 한다.
아이가 바른 말을 쓰고 예의 바른 행동을 하게 하려면
부모가 먼저 모범을 보이는 것이 중요하다.

동시에 부모 스스로 난폭한 말을 쓰거나 규칙을 위반하지 않겠다는 마음가짐을 가져야 한다. 슈퍼마켓에서 "바보 같은 녀석!", "멍청이!" 하고 난폭한 말투로 아이를 야단치면서 머리나 엉덩이를 때리는 부모가 있는데, 절대 그래서는 안 된다. 아이는 부모의 행동을 주시하고, 또 부모를 흉내 낸다. 부모가 이런 말투를 쓰고 행동하면 아이 역시 그런 언행을 하게 된다.

아이로부터 바른 말을 쓰게 하려면 부모가 먼저 모범을 보이는 것이 중요하다. 부모의 이런 행동은 '이것만큼은 꼭 지켜야 한다'는 것을 아이에게 직접 보여주는 셈이 된다.

'끈기 있게 요구하되 화내지 않는다'고 했는데, 따끔하게 야단을 쳐야 할 때도 있다. 바로 남에게 상처를 주는 말이나 차별적인 발언, 혹은 행위를 했을 때이다.

장애인이나 장애를 가진 친구들에게 함부로 말하거나, 텔레비전 뉴스에서 불행을 겪는 사람들을 보고 깔보거나 비웃는 말을 하면, 그 자리에서 따끔하게 혼내야 한다. 그것이 '왜 해서는 안 되는 말'인지에 대해서 정확히 설명하고 나서, 야단을 쳐야 한다.

아이들은 대부분 악의 없이 그런 행동을 하지만, 그렇다고 해서 그냥 내버려두어서는 절대 안 된다. 그것 때문에 그 자리의 분위기가 엉망이 되더라도 어쩔 수 없다는 각오로 따끔하게 야단을 쳐야 한다.

체벌은 절대로 금물이다

교육 현장에서 체벌은 절대 금하고 있는데, 가정에서도 이것은 마찬가지이다. '사랑의 채찍'이라며 체벌을 용인하는 사람들이 있다. 그러나 맞는 것으로 사랑을 느끼는 아이는 없다.

오히려 '나를 소중히 생각하지 않는 게 아닐까', '나를 사랑하지 않는 게 아닐까' 하고 아이는 마음의 상처를 입을 수 있다. 그렇게 생긴 상처는 쉽게 지워지지 않는다. '엄마 아빠에게 사랑받고 있다, 엄마 아빠가 나를 소중히 여긴다'고 느끼는 것은 아이가 성장하는 데 매우 중요하다.

힘으로 밀어붙이기만 해서는 아무것도 해결할 수 없다. 대부분의 경우, 아이는 부모나 선생님의 눈이 미치지 않는 곳에서 문제를 일으킨다.

서로를 이해하기 위해서는 대화밖에 없다. 물론 말이 통하지 않고 전혀 먹혀들지 않는다고 느껴질 때도 있지만, 인간이 서로를 이해하는 최선이자 최후의 방법은 대화뿐이다.

체벌이 아니더라도 아이의 인격을 부정하거나 입에 담지 못할 욕설을 해서는 절대 안 된다. 그것도 일종의 폭력이기 때문이다. "너는 늘 그런 식이니까 안 되는 거야", "너는 무슨 일을 시켜도 그 모양이니" 하는 소리를 들으면 아이는 자신의 존재 자체를 부정당했다고 느낀다.

체벌은 물론 언어에 의한 폭력도 절대 해서는 안 된다. 다정하고 끈기 있는 대화를 통해 아이와 마주하는 수밖에 없다.

억지 부리는 아이를 설득하는 법

아이를 예의 바르게 가르치고 규칙을 잘 지키게 하려면, 그 이유를 정중히 가르쳐야 한다.

아이가 이유를 물어볼 때가 있다. 단순히 "안 된다면 안 되는 줄 알아!" 하는 말로는 납득하지 않는다. 따라서 주의를 줄 때는 그것이 '왜 안 되는지'에 대해서 명확히 전달해야 한다.

예를 들어 아이가 "엄마, 휴대 전화 사주세요"라고 말했다고 하자. 그때 부모가 "아직 일러", "휴대 전화 때문에 왕따가 더 심각해진대", "휴대 전화로 안 좋은 게임 다운받고 하니까 안 돼", "돈이 없어" 하는 이유를 대도 "나는 그런 게임 안 하니까 괜찮아요", "나를 못 믿어요?" 하며 반론한 다.

또 "○○도 있어요", "애들 전부 가지고 있다구요"라고 말할 때도 있다. 아이는 뭔가를 요구할 때 "애들 전부 가지고 있어요"라는 대사를 즐겨 사용한다.

부모로서는 "애들 누구?" "그 애들 이름 전부 대봐" 하고 되묻는 방법도 있지만, 논쟁으로는 쉽게 수습되지 않는다.

아이가 억지소리를 할 때는 논쟁을 계속하는 것도 한 방법이다. 그럴 경우에는 "우리 집은, 휴대 전화는 고등학생 때부터 갖는 걸로 정해놓았단다" 하고 딱 잘라 선언한다. 이유 불문하고 안 되는 것은 안 된다, 라는 자세도 경우에 따라서는 필요하다.

"세상에는 '그 자리에서는 바로 반론할 수 없지만' 납득할 수 없는 일도 있다", "네가 무슨 말을 하는지 모르는 것은 아니지만, 허락할 수는 없구나" 하고 대답할 수도 있다.

규칙을 잘 지키고 예의 바른 아이가 학력이 높다.

● '해도 되는 것', '해서는 안 되는 것', '하지 않으면 안 되는 것' 몇 가지를 정해 반드시 지키도록 한다.
● 이것도 안 되고 저것도 안 된다는 강제는 금물이다.
● 부모의 말을 무시하거나 규칙을 위반할 때는 작은 소리로 천천히 말하는 것이 효과적이다.
● 부모 스스로 난폭한 말을 쓰거나 규칙을 위반하지 않는다는 마음가짐을 가진다.
● '너는 늘 그런 식이니까 안 되는 거야', '너는 무얼 시켜도 그 모양이니' 하는 말은 절대 삼간다.
● 규칙을 어겼을 때, '안 된다면 안 되는 줄 알아' 라고 하기보다 '왜 안 되는지' 에 대해 명확히 전달한다.
● 아이가 억지소리를 할 때는 논쟁을 계속하는 것도 방법이다.

6
장

학교, 선생님과
마음의 거리를 좁히라

★

아이 앞에서 선생님과 학교 험담을 하지 마라 | 선생님과 학교의 장점을 말하라
아이의 불평, 불만에 거리를 두라 | 선생님의 지도력을 신뢰하라
학부모 모임에 적극적으로 참여하라 | '알림장'과 메일을 효과적으로 활용하라
선생님의 사기를 북돋우라

학교, 선생님과 마음의 거리를 좁히라

아이 앞에서 선생님과 학교 험담을 하지 마라

아키타의 높은 학력의 배경에는 학교와 가정, 그리고 지역의 강한 연계가 있었다. 그러나 지금 많은 지역에서 이러한 연계가 점점 약화되고 있다. 아키타와 같은 환경에서 자녀를 키우기가 쉽지 않은 것이다.

그러나 전혀 불가능한 것은 아니다. 대도시에서도 학교와 가정, 그리고 지역과의 연계를 강화할 수 있다.

선생님이나 학교가 관계될 때 우선적으로 신경 써야 할 것은, 아이 앞에서 선생님과 학교에 대한 험담을 하지 않는 것이다. 이것은 부모가 선생님과 학교에 대해 어떤 것을 요구하거나 비판해서는 안 된다는 의미가 아니다.

물론 학교를 성역화하고 선생님을 절대시하는 것은 위험천만한 일이다. 예전에 일본에서는 그런 분위기가 적지 않았다. 그런 바람직하지 못한 분위기가 사라진 것은 반가운 일이 아닐 수 없다.

선생님과 학교에 대해서 "이건 이상하다", "이렇게 하지 않았으면 좋겠다" 하는 의문이나 비판을 가지거나 "이렇게 해달라"고 요망하거나 요구하는 것은 자녀를 맡긴 부모의 권리이다. 이러한 부모의 요망과 요구가 계기가 되어 학교가 보다 좋은 방향으로 움직이기도 한다.

그러나 그것을 아이 앞에서 직접적으로 말하지 않는 배려가 필요하다. 요망이나 요구, 혹은 의문이나 비판이 아닌 진짜 험담은 당연히 논외이다. 부모로서 당연한 요구나 정당한 비판, 의문이라고 해도 아이 앞에서 하면 험담으로 비쳐지는 경우가 적지 않다.

요구사항이나 의문, 비판은 학교나 선생님에게 직접 이야기하도록 한다. 어지간한 일이 아닌 이상 아이는 모르게 하는 것이 좋다.

○○ 선생

아키타의 높은 학력의 배경에는
학교와 가정, 지역 사회의 강한 연계가 있었다.
선생님이나 학교가 관계되는 일에서 우선 신경 써야 할 것은,
아이 앞에서 선생님과 학교에 대한 험담을 하지 않는 것이다.

선생님과 학교의 장점을 말하라

부모가 아이 앞에서 선생님과 학교에 대해 비판이나 험담을 하면 가장 손해 보는 사람은 바로 아이이다.

부모의 비판과 험담 때문에 아이가 선생님과 학교를 싫어하게 되면 수업 태도도 소극적이 될 수밖에 없다. 선생님의 가르침을 받아들이지 않을 위험도 있다. 그런 분위기가 확산되면 수업이 이루어지지 않고, 학교가 황폐화되는 불상사로 이어진다. 학교 분위기가 험악해지면 아이들은 충분히 학습할 기회를 얻을 수 없다. 이것은 선생님과 학교에도 불행이지만, 아이에게는 더 큰 불행이다.

따라서 아이 앞에서는 선생님과 학교의 험담은 물론이고, 비판도 하지 않는 것이 좋다. 그보다는 오히려 선생님과 학교를 적극적으로 칭찬하는 자세를 가져야 한다.

알림장에 선생님이 좋은 말을 써주었을 때는 "선생님이 정말 좋은 말을 써주셨네" 하고 자연스럽게 칭찬한다. 다른 학부모에게서 선생님에 대한 정보를 들으면 "선생님이 클럽 활동을 아주 열심히 지도하신다며? 정말 대단한 분이시구나" 하고 칭찬한다.

이렇게 해서 선생님과 학교의 좋은 정보를 아이에게 전달하면, 아이도 선생님을 보는 눈이 달라진다.

그렇게 되면 수업 태도도 좋아지고, 결과적으로 아이의 학력도 높아진다.

아이의 불평, 불만에 거리를 두라

아이가 말하는 학교나 선생님에 대한 불만에 대해서는 일정한 거리를 두어야 한다. 아이가 "그 선생님 정말 싫어" 하고 불평하면, 부모 입장에서는 아이 편에서 "진짜 그 선생님 너무하는구나" 하고 동조하고 싶어진다.

그러나 그런 말을 절대 입 밖에 내서는 안 된다. 그 말을 내뱉는 순간, 아이는 다음 날부터 그 선생님의 가르침을 받아들이지 않을 것이고, 수업에도 적극적으로 참여하지 않을 것이기 때문이다.

아이들은 새 학년 새 학기가 되어 담임선생님이 바뀌면 반이나 선생님에 대해 불만을 털어놓곤 한다.

1년 동안 친해진 담임선생님과의 추억이 있기 때문에 '작년이 좋았어'라고 생각한다. 초등학교 고학년일수록 특히 이런 경향이 강하다.

아이 편을 들어주고 싶은 마음은 이해하지만, 아이의 정보를 있는 그대로 받아들여서는 안 된다.

"글쎄, 좋은 분 같은데?", "너는 공부를 안 하니까 그렇게 생각하는 거 아니니?" 하고 말할 수 있는 분위기라면, 그런 말로 선생님을 옹호하는 것도 좋다.

도저히 그렇게 말할 분위기가 아니거나 그런 정보가 없는 경우라면, 적어도 '중립적'인 입장을 유지해야 한다. 그 시점에서 무리하게 선생님을 옹호하려고 들면 오히려 부자연스러워지므로 "그래, 그렇구나" 하고 가볍게 고개를 끄덕여준다.

만일 아이가 "엄마는 어떻게 생각해요?" 하고 물으면, "엄마는 사정을 잘 모르니까 뭐라고 말할 수가 없네" 하고 가능한 시치미를 뗀다.

새 담임선생님의 성격이나 지도 방식을 알아보기 위해서는 어느 정도 시간이 필요하다. 아이의 알림장에 선생님이 어떻게 대응하는지, 수업 참관 시의 분위기는 어떤지, 다른 학부모로부터 어떤 정보가 있는지 등을 감안하여 냉정하게 판단한다.

불만이나 정보의 질에 따라서도 달라지지만, 신중히 판단하기 위해서는 적어도 한 달 정도는 시간이 필요하다.

인상은 별로인데 아이들에게는 열의를 가지고 최선을 다하는 선생님이 적지 않다. 그런 선생님일 경우 처음 보았을 때 "어?" 하고 의구심이 들 수도 있다. 그러나 시간이

지나면 좋은 선생님이라는 것을 알게 된다. 그런 것은 1주일 정도의 시간으로는 확인할 수 없다. 조바심 내지 말고 상황을 지켜보도록 한다.

선생님의 지도력을 신뢰하라

요즘 '괴물 선생', '불합격 교사'라는 말이 매스컴에 자주 오르내린다. 교사에 대한 비난이 이어지면서 일부에서는 "선생님이나 학교나 적극성이 없다, 부모는 잠자코 있을 수 없다, 자꾸 항의를 하자" 하는 풍조까지 일고 있다.

'불합격 교사'라고 손가락질을 받을 만한 선생님이 있는 것은 사실이지만, 전체로 놓고 보면 극히 일부에 지나지 않는다. 같은 전문직인 의사, 변호사 세계에도 소수의 불합격자는 있기 마련이다. 정치가도 마찬가지이다. 어느 세계에나 그런 '골치 아픈 존재'는 있다.

부모가 처음부터 선생님과 학교에 대해 의심만 품는다면 아이에게 충분히 호전될 만한 사태도 심각하게 만들 수 있다. 작은 일에도 부모가 과민하게 반응해서 "우리 아이 담임은 자질이 부족하다"거나 "이 학교는 수준이 낮다"고 소란을 피우면 선생님과 학교의 지도력은 더욱 효력을 잃게

"규칙을 잘 지킨다" "예의가 바르다"고 하는 것은
학력과 깊은 관계가 있다.
전국 학력 평가에서 아이들이 "예의 바르다"고 대답한
학교가 정답률이 높은 경향을 보였다.
아키타 학교에서는 90퍼센트의 이상의 학교가
학생들을 "예의 바르다"고 평가했다.

된다. 그리고 아이에게 상황은 더욱 나빠진다.

따라서 부모는 냉정한 자세로 학교와의 관계를 유지해야한다. 내 아이를 맡기는 것이니 당연히 불안을 느낄 수도 있을 것이다. 그러나 '불합격 교사'라고 결론짓기 전에 먼저 상황을 신중히 지켜보는 것이 중요하다.

그러나 선생님에 대한 불만이나 부정적인 정보가 계속 들려오면 직접 선생님과 이야기를 하거나, 학생주임 혹은 지도적인 위치에 있는 선생님에게 상의를 해보는 것이 좋다. 학부모 모임 임원에게 상의하는 방법도 있다.

만일 선생님이 아이에게 체벌을 가했을 때는 기다려서는 안 된다. 반 친구들이 괴롭힐 가능성이 있는데도 선생님이 대응해주지 않는 경우 역시 서둘러 행동할 필요가 있다. 그럴 때에는 즉시 지도적인 위치에 있는 선생님께 상의해야한다.

학부모 모임에 적극적으로 참여하라

선생님과 학교의 실상을 보다 정확히 파악하려면 기회가 있을 때마다 적극적으로 학교를 찾아가야 한다. 선생님이나 학교 역시 학부모와 좋은 관계를 갖기를 원한다.

선생님, 학교와의 교류가 활발해지면 서로에게 신뢰감이 생겨서 약간의 불만이나 부정적인 정보에도 여유 있게 대처할 수 있다.

수업 참관, 학급회, 운동회 같은 행사나 학교가 제안하는 봉사 활동, 학부모 모임 활동 등 학교와 교류할 수 있는 기회는 얼마든지 있다. 가능하면 부모 모두 참가하는 것이 좋은데, 그것이 어렵다면 두 사람 가운데 시간이 나는 사람이 가면 된다.

수업 참관이 끝나면 학급회에는 참여하지 않고 서둘러 돌아가는 학부모가 많다. 그러나 학급회에도 되도록 참석하는 것이 좋다. 선생님에 따라서는 학급회가 끝나면 "상담할 게 있는 분은 남아주세요" 하고 말할 때가 있는데, 이때는 아이에 대해 상의할 수 있는 좋은 기회이므로 잘 활용하도록 한다.

여건이 된다면 학부모 모임의 임원으로 활동하는 것도 좋다. 학급 임원이나 각 위원회 임원 등으로 적극적으로 활동해본다.

물론 직장생활을 하는 부모는 시간 내기가 쉽지 않겠지만, 그런 경우에는 "나는 이때 시간을 낼 수 있는데, 그래도 괜찮다면 꼭 해보고 싶다"고 사전에 양해를 구한 후 일을 맡으면 된다.

학부모 모임의 임원이 되면 선생님이나 학교와 접촉할 기회가 압도적으로 늘어난다. 학교와 아이 공부에 관한 정보나 아이의 학교생활 정보를 얻을 수 있으므로 부모에게는 유익하다.

물론 학교 입장에서는 모든 학부모가 동등하게 정보를 공유하도록 하는 것이 대원칙이다. 그렇지만 기회가 있을 때마다 학교를 찾는 학부모가 더 많은 정보를 접하게 되는 것은 당연한 일이다.

그런 식으로 학교 행사에 적극적으로 참여하면 선생님들과도 친해져서 각 선생님의 특징이 한눈에 들어온다. 그 결과, 선생님이 학습적인 면에서 아이에게 무엇을 바라는지, 아이는 선생님에게 어떻게 질문해야 하는지에 대한 요령을 알 수 있다. 그런 식으로 선생님들과 가까워지는 것은 부모나 아이에게 많은 도움이 된다.

전국 학력 평가에서는 '지역 어른들이 학부모 모임이나 학교의 활동'에 참가하는 비율이 높은 학교가 그렇지 않은 학교보다 아이들의 평균 정답률이 높은 경향을 보였다.

'알림장'과 메일을 효과적으로 활용하라

아이가 과학 수업을 따라가지 못하는 것 같거나, 반 친구와 무슨 일이 있는 것 같으면 부모로서는 걱정이 앞선다. 아이의 하루하루 생활을 보면 신경 쓰이는 일이 한두 가지가 아니다.

그러나 과잉 반응이나 지나친 걱정은 오히려 아이에게 부담을 주게 된다. 하지만 신경 쓰이고 걱정되는 일은 그대로 방치하지 말고 선생님에게 상의하거나 부탁하도록 한다. 많은 선생님들이 그러한 부모의 걱정에 정중히 대응해 준다.

아이는 학교와 가정에서의 모습이 다르다. 물론 이것이 나쁜 것은 아니다. 인간은 성장하면서 다양한 모습을 가지게 된다.

나도 대학에서는 교원으로, 부속초등학교에서는 교장으로, 그리고 가정에서는 남편과 아버지로 각각 다른 모습으로 살아간다. 거기에는 공통점도 있지만, 동시에 다른 점도 있다.

아이들도 마찬가지이다. 따라서 아이의 전체상全體像을 알기 위해서는, 부모는 가정에서의 아이의 모습을 선생님에게 알리고, 선생님은 학교에서의 아이의 모습을 부모에게 알리는 노력이 필요하다.

아이의 모습을 다면적으로 파악할수록 어떻게 학력을 키워야 하는지, 어떻게 특징을 끌어내야 하는지를 알 수 있다. 그럼으로써 학습이나 생활 면에서 새로운 발견을 할 수 있고, 그 대응 방식도 알아낼 수 있다.

선생님과의 연락 수단으로는 아이의 '알림장'이 효과적이다. 그러나 알림장은 아이도 읽게 되므로 그런 점에서 주의가 필요하다. 복잡한 내용이나 아이에게 알리고 싶지 않은 내용일 때는 알림장 대신 편지나 전화를 사용하도록 한다.

개중에는 '알림장'을 만들지 않는 학교도 있다. 그럴 때에도 편지나 전화로 선생님과 대화를 하면 된다. 경우에 따라서는 직접 학교에 찾아가는 방법도 있다.

요즘에는 선생님이 학부모에게 자신의 메일 주소를 공개하는데, 전자메일도 효과적인 수단이다.

선생님에게 상의를 할 때는 말투에 주의해야 한다.

"우리 아이가 선생님의 수업이 이해가 안 된대요. 어떻게 하시는 거예요? 조금 더 쉽게 수업을 해주세요" 하고 요구하거나 비판하는 방식은 그다지 현명하다고 볼 수 없다. 선생님에게도 자존심이 있다. "가르치는 방식이 서툴다", "어떻게 좀 해봐라!" 하고 고압적으로 말하면 화가 나는 것이 당연하다.

"선생님, 우리 아이가 지난 시간에 배운 분수의 나눗셈이 도저히 이해가 안 되는 모양이에요. 본인의 노력이 부족하기 때문이라고 생각하지만, 어떻게 공부를 하면 될까요?" 하는 식으로 '상의'하는 형태를 취해야 한다.

이 방법이라면 직접적으로 선생님을 질책하지 않으면서 자연스럽게 "우리 아이는 선생님의 수업을 이해하지 못한다"는 것을 전달할 수 있다.

또 상의하는 식으로 말하면 구체적인 조언도 받을 수 있다. 선생님도 이런 식으로 부모가 부탁하면 수업 시간이나 그 외 시간에도 다양한 방식으로 아이를 지도해준다.

12월 25일 목요일

저희 아이를 잘 지도해주셔서 감사합니다.

2학기도 수고 많으셨어요. 아이가 선생님한테 칭찬받은 이야기를 들을 때마다 (평범한 아이인데도 작은) 장점도 이끌어내어 자신감을 주시는 것 같아서 감사하게 생각합니다. 아이들끼리 약간의 문제가 있는 듯하지만, "선생님을 만날 수 있으니까 학교에 간다"고 본인도 말합니다. 다음 학기도 잘 부탁드립니다.

12월 25일 목요일

친구들에게 신뢰를 받으며 좋은 리더로 성장하는 모습을 기대하며 지켜보고 있습니다. 모두의 본보기가 될 때가 많고, 어머니의 노력하시는 모습을 보면 분명히 잘 성장하리라고 생각합니다. 다음 학기도 잘 부탁드립니다. 연말 잘 보내세요.

12월 25일 목요일

오늘 ①겨울 방학 노트, ②엽서 캘린더, ③겨울 방학 프린트, ④'겨울 방학 생활'을 나눠주었습니다.

1월 14일 수요일

드디어 3학기가 시작되었습니다. 오늘 시업식에서는 큰 역할을 훌륭히 해내어 감동했습니다. 사진도 보냅니다. 집에서도 많이 칭찬해주세요. 좋은 시작을 한 것 같습니다. 어머니 덕분입니다. 고맙습니다.

1월 15일 목요일

사진까지 보내주시고, 감사합니다. 아이에게 물어보았더니 '작은 실수'를 했다고 하는데, 작문을 읽고 나니 선생님이 웃어주셔서 기분이 좋았다고 합니다. 아이나 저에게 좋은 추억이 되었습니다. 좋은 경험을 하게 해주셔서 고맙습니다.

앞으로도 기대가 큽니다.

알림장(아키타 대학 교육문화학부 부속 초등학교 시이나 미호코 선생 제공)

선생님의 사기를 북돋우라

선생님에게 부탁을 했을 때는 반드시 감사의 인사를 해야 한다. 들어주는 것이 당연하다는 듯한 태도는 옳지 않다. 아무리 아이를 가르치는 것이 직업이지만, 그런 태도는 선생님의 사기를 꺾어버린다.

선생님의 사기가 높아지면 그 기운은 그대로 아이들한테 돌아간다. 부모는 선생님의 사기를 높이기 위해서 적극적으로 행동해야 한다.

가장 좋은 것은 역시 칭찬과 감사이다. 어른도 칭찬받고 감사의 말을 들으면 기분이 좋아지고 의욕이 생긴다.

"선생님의 학급통신은 매주 기대가 됩니다"라고 하면 연구 발표 때문에 이번 주는 쉴까 하는 생각도 사라진다. 또 "아이가 지난 시간 선생님의 수업이 참 재미있었대요" 하고 말하면, '다음에는 더 색다른 아이디어를 내야겠다'고 생각한다.

나도 대학에서 학생들이 "선생님의 강의를 통해 국어 수업에서 질문과 조언의 중요성을 실감하게 되었습니다" 혹은 "이제까지 받은 수업 중에서 가장 자극이 되는 수업이었습니다"라고 말하면, 설령 빈말이어도 더 열심히 하고자 하는 의욕이 샘솟는다.

작은 일에도 감사하고 칭찬하면 된다. "늘 알림장에 꼼꼼히 의견을 적어주셔서 고맙습니다" 혹은 "선생님이 이렇게 말씀해주셔서 아이가 너무 좋아합니다. 고맙습니다" 하는 말을 들으면 선생님도 기분이 좋아진다.

그런 마음을 전달하는 방법으로는 알림장에 써넣는 것도 좋지만, 학교 행사 참석 후 돌아갈 때 인사말과 함께 전달해도 좋다.

칭찬의 말과 감사의 마음을 기회가 될 때마다 전달하는 것으로 선생님의 힘을 이끌어낼 수 있고, 그럼으로써 학부모는 선생님과 좋은 관계를 맺을 수 있다.

부모는 '선생님의 능력을 이끌어낸다'는 마음을 가져야 한다. 특히 대학을 갓 졸업한 젊은 선생님은 교사로서 훈련도 받았고 풍부한 지식도 가지고 있지만, 경험이 없는 데다 나이로 보면 학부모보다 어리다. 그러므로 '선생님을 키운다'는 마음으로 밀어주면 생각 외로 큰 힘을 보여주는 경우가 적지 않다.

| 요약 | 아키타의 학력을 키우는 힘 6 선생님과의 유대

선생님과 긴밀한 관계를 맺는 부모의 자녀가 학력이 높다.

- 아이 앞에서 선생님과 학교에 대한 험담을 절대 해서는 안 된다.
- 요구 사항이나 개선점이 있다면 학교나 선생님에게 직접 이야기한다.
- 아이에게 선생님이나 학교의 장점과 좋은 정보만을 전달한다.
- 담임선생님에 대한 아이의 불평, 불만에는 '중립적인' 입장을 유지한다.
- 아이의 모습을 다면적으로 파악하려면, '알림장'과 메일을 활용하라.
- 기회가 될 때마다 선생님에게 칭찬의 말과 감사의 마음을 전달해 선생님의 힘을 이끌어낸다.

규칙적인 생활이
학력 유지의 비결이다

★

일찍 자고 일찍 일어나는 습관의 힘을 기르라 | 부모의 생활 습관을 바꾸라
가정학습을 위한 시간과 공간을 확보하라 | 공부할 수 있는 분위기를 만들라
저녁 식사 시간을 축으로 공부 시간을 정하라

규칙적인 생활이 학력 유지의 비결이다

일찍 자고 일찍 일어나는 습관의 힘을 기르라

일찍 자고 일찍 일어나는 습관은 수업 시간의 집중력과 가정학습의 습관화에 매우 중요하다. 수면이 부족하면 그날의 집중력은 떨어질 수밖에 없다. 본인이 아무리 열심히 공부하려고 해도 몸이 따라주지 않는다. 오전 수업은 그럭저럭 버텨도 점심을 먹은 순간부터 졸음이 쏟아지기 마련이다.

또 학교에서 집에 돌아오면 갑자기 피곤하고 졸리다. 식사나 목욕은 겨우겨우 끝내지만 가정학습까지는 여력이 미치지 못한다. 아무리 주위에서 격려해주어도 수면 부족 상태에서는 오래가지 못한다.

그런 점에서 아키타의 아이들은 일찍 자고 일찍 일어나는 습관을 가진 학생이 많다. '아동·학생 질문지'에 의하면, 초등학생의 90퍼센트, 중학생의 85퍼센트가 아침 7시 전에 일어난다. 이것은 전국 평균에 비해 초등학생은 15포인트, 중학생은 18포인트 높은 비율이다.

그럼 취침 시간은 어떨까? 이것도 '아동·학생 질문지'에 의하면, 초등학생의 50퍼센트가 밤 10시 이전에 잠자리에 드는 것으로 나와 있다. 전국 평균에 비해 10포인트 높은 비율이다. 밤 11시까지는 초등학생의 90퍼센트가 잠자리에 든다.

중학생의 경우는 취침 시간이 다소 늦지만, 그래도 밤 11시까지는 약 40퍼센트가 잠자리에 드는 것으로 나타났다. 이것은 전국 평균보다 10포인트 정도 높은 비율이다. 일찍 자고 일찍 일어나는 습관이 아키타 아이들의 적극적인 수업 태도와 높은 가정학습 비율과 관계가 있음을 알 수 있다.

부모의 생활습관을 바꾸라

요즘 아이들을 보면 올빼미 형이 많다. '아동·학생 질문지'의 전국 평균 자료에 의하면, 초등학생의 경우 밤 11시

이후에 자는 아이가 20퍼센트나 되고, 중학생의 경우에는 밤 12시 이후에 자는 아이가 30퍼센트가 넘는다.

자녀의 이런 올빼미 형 생활 방식 때문에 고민하는 부모도 있을 것이다. 이것을 해결하기 위한 방법에는 여러 가지가 있다.

우선, 부모부터 일찍 자고 일찍 일어나는 습관을 가지도록 한다.

아이는 가정의 생활 습관에 자연스럽게 융화된다. 부모가 새벽 1시, 2시까지 깨어 있는 가정이라면 아이도 올빼미가 될 수밖에 없다. 부모는 올빼미 형 생활을 하면서 아이에게 '일찍 자라'고 한다면, 아이는 부모의 말을 듣지 않는다. 아이에게 일찍 자고 일찍 일어나는 습관을 갖게 하려면 부모의 생활 습관부터 먼저 바꿔야 한다.

그러나 부모의 직업상 일찍 자는 것이 어려운 경우도 있다. 그럴 때는 아이가 잠자리에 들면 텔레비전을 끄고 가족 간의 대화를 중지하는 배려가 필요하다. 잠자리에 들었는데도 가족이 즐겁게 텔레비전을 보거나 대화를 하면 아이도 자리에서 일어나 그 자리에 끼고 싶어진다. 그래가지고는 일찍 자고 일찍 일어나는 습관을 들이기가 어렵다.

초등학교 저학년까지는 아버지나 어머니가 잠자리에서 책을 읽어줌으로써 '취침은 즐겁다'고 생각하도록 만드는 것이 효과적이다.

일찍 자는 습관을 들이면 일찍 일어나는 것도 자연스럽게 습관이 된다.

가정학습을 위한 시간과 공간을 확보하라

전국적으로 보았을 때 아키타의 아이들은 가정학습 습관이 잘 정착되어 있다.

가정학습을 할 때 부모는 정해진 시간에 아이가 공부할수 있도록 '장소'를 제공해야 한다.

당연하다고 생각하지만, 가정학습이 정착되지 않은 경우를 살펴보면 의외로 이 부분이 제대로 이루어지지 않는다.

초등학교 저학년이라면 부모의 눈길이 닿는 거실이나 식탁에서 공부를 시키는 것도 한 가지 방법이다. 그러나 그때 거실에서 가족이 모여 텔레비전을 본다면, 아이의 공부 습관은 유지되기 어렵다. 게임도 마찬가지이다. 또 거실에서 공부를 할 때 다른 가족이 말을 걸 만한 환경도 바람직하지 않다.

공부하는 장소가 거실이나 식탁이 될 경우에는 가족 모두 그 시간에는 텔레비전 시청이나 잡담을 멈추고 각자 자

아키타의 아이들은 일찍 자고 일찍 일어나는 습관을 가진 학생이 많다.
초등학생의 90퍼센트, 중학생의 85퍼센트가 아침 7시 전에 일어난다.
이러한 습관은 적극적인 수업 태도와 높은 가정학습 비율과 관계가 있다.

공부할 마음만 있다면 언제 어디서든

할 수 있다는 생각은 탁상공론일 뿐이다.

부모가 자신만의 시간을 가지는 것은

아이가 공부할 '장소'를 만드는 데 효과적이다.

신의 일을 하는 배려가 필요하다. 그렇게 해서 아이가 공부하기 쉬운 환경을 만들어준다. 공부할 마음만 있으면 언제 어디서든 할 수 있다는 생각은 탁상공론일 뿐이다. 물론 그런 아이도 아주 없지는 않겠지만, 대부분은 그렇지 않다.

초등학교 고학년이 되면 거실 외에 조용히 학습할 수 있는 공간을 마련해주어야 한다. 가정마다 사정이 다르기 때문에 아이 방을 따로 만들어주기 어려울 수도 있지만, 되도록 아이가 공부하기 위한 조용한 환경을 갖추어야 한다.

아무리 공부하는 장소가 있어도 거실에서 가족이 즐겁게 대화를 하거나 텔레비전을 본다면 아이는 신경이 쓰여서 공부에 집중할 수 없다.

아이는 자기 방에 있기보다 거실에 나가는 것이 재미있다는 사실을 이미 알고 있다. 거실에서 웃음소리가 들리는 경우는 물론, 가령 들리지 않아도 신경이 쓰이는 것은 아이의 자연스러운 감정이다.

일정한 시간이 되면 다른 가족도 각자 일이나 공부를 하는 등 자신의 시간을 가지는 것이 아이가 공부할 '장소'를 만드는 데 효과적이라고 할 수 있다.

공부할 수 있는 분위기를 만들라

공부하는 장소를 만들어준다는 점에서 보면, 아이 방에 텔레비전은 전혀 필요하지 않다. 컴퓨터도 고등학생이 되기 전까지는 거실에 두고 가족이 함께 사용하는 것이 좋다.

휴대 전화도 마찬가지이다. 보호 차원에서 휴대 전화기를 사주는 경우에도 초등학생, 중학생 때에는 용도에 제한을 두고, 집에서 부모가 맡아두도록 한다.

전국 학력 평가의 '아동·학생 질문지'에 의하면, 아키타에서는 휴대 전화기를 가지고 있는 아이의 숫자와, 그것으로 통화를 하거나 문자 메시지를 주고받는 비율이 전국 평균에 비해 매우 낮다.

중학생의 경우 휴대 전화기가 없는 아이는 전체의 55퍼센트이고, 초등학생은 85퍼센트가 넘는다. 전국 평균에 비해 초등학생과 중학생 모두 15포인트 높은 수치이다. 또 "휴대 전화로 통화나 문자 메시지를 매일 주고받는다"고 대답한 아이는 전국 평균에 비해 중학생은 12포인트, 초등학생은 8포인트가 낮았다.

이것은 아키타의 지역성 때문이기도 하다. 도시에서는 안전이나 방범상의 이유로 아이에게 휴대 전화기를 사주는 경우가 많다. 그러나 아키타는 학원에 다니는 아이가 적기 때문에 밤늦게까지 혼자 밖에 있는 경우가 드물다. 따라서 부모는 아이에게 특별히 휴대 전화기를 사줄 필요성을 느끼지 않을 수도 있다.

아이 방에 텔레비전이나 게임기, 휴대 전화기가 있으면 어쩔 수 없이 그쪽으로 신경이 쓰이게 된다. 그런 유혹을 물리치고 침착하게 공부할 수 있는 분위기를 조성하는 것도 공부하는 '시간'과 '장소'를 만드는 일이다.

물론 '시간'과 '장소'가 갖추어졌다고 해서 이제까지 집에서 공부하지 않던 아이가 갑자기 공부를 하게 되는 것은 아니다. 그러나 공부할 여건이 조성되지 않으면 앞으로 설명하는 방법도 결국 아무 효과가 없다.

저녁 식사 시간을 축으로 공부 시간을 정하라

아이의 가정학습이 지속적으로 이루어지기 위해서는 무엇보다 규칙적인 생활 습관을 가지도록 해야 한다. 특히 식사 시간이 그렇다. 정해진 시간에 식사를 하는 것은 매우 중요하다. 특히 가정학습을 정착시키려면 저녁 식사 시간을 정해놓아야 한다.

가족이 모여 저녁을 먹는 시간이 어느 날은 6시, 어느 날은 7시, 하는 식으로 들쭉날쭉하면 공부의 리듬을 잡을 수가 없다. '공부해야지'라고 생각한 순간에 "밥 먹자" 하고 부르면 '오늘은 됐으니, 다음에 하지 뭐' 하며 미루게 된다. 이런 식으로는 가정학습을 습관화할 수 없다.

저녁 식사 시간은 일정하게 정해놓아야 한다. 그리고 그 시간을 중심으로 해서 공부 시간이나 텔레비전 시청 시간을 정한다.

"저녁 식사 전에 30분 동안 복습하고 나머지는 식사 후에 한다" 혹은 "저녁 식사 후에 30분 정도 텔레비전을 시청하고 공부한다"는 식으로 생활의 리듬을 만드는 것이다. 그런 리듬이 습관화되면 아이는 "○시가 되면 방에 들어가서 공부해야지" 하고 자연스럽게 적응하게 된다.

그러나 시간을 정한다고 해서 저녁 식사 시간을 몇 시로 하든 상관없는 것은 아니다. 일찍 잠자리에 드는 습관을 들이기 위해서라도 저녁 식사 시간을 가능한 빠르게 정하는 것이 좋다.

이상적인 시간은 저녁 6시에서 6시 30분이다. 그러나 부모가 맞벌이를 하거나, 아이의 학원 때문에 그 시간에 가족이 모여 저녁을 함께하기 어려운 가정도 있다.

그래도 가능한 이른 시간에 저녁을 먹을 수 있도록 방법을 강구해야 한다. 늦어도 아이가 잠자리에 들기 두 시간

전에는 식사를 끝내도록 한다.

아키타의 가정에서 저녁 식사 시간이 일정하게 정해지고, 또 지켜지는지에 대한 구체적인 자료는 없다. 그러나 비교적 농촌 지역이 많고, 할아버지 할머니와 함께 생활하는 가정이 많기 때문에 식사 시간은 비교적 안정되어 있을 것으로 본다.

또 부모가 맞벌이를 해도 삼대가 함께 사는 가정에서는 정해진 시간에 식사를 하는 습관만큼은 좀처럼 깨지지 않는다.

아침 식사도 저녁 식사처럼 시간을 정해놓고 가족이 함께 식탁에 둘러앉아 먹는 것이 좋다.

자녀와 부모가 대화를 통해 규칙을 만드는 것도 중요하다. 이 경우 부모가 일방적으로 밀어붙이기보다는 가능한 아이와 상의하면서 서로 합의하에 약속하는 것이 좋다.

"텔레비전은 저녁 식사 후 1시간만 시청한다", "가족이 모여 이야기하는 시간은 식사 후 1시간이고, 그 외에는 각자 자기 일을 한다"는 식이다.

"텔레비전은 그렇다고 치고 가족이 함께 이야기하는 것도 안 되나?" 하고 의문을 가질 수도 있는데, 물론 가족이 한자리에 모이는 시간을 갖는 것은 매우 중요하다. 가족 간의 대화로 아이는 많은 능력을 키울 수 있기 때문이다.

그러나 그 시간이 오래 계속되면 공부할 시간이 없어진다. 그렇다고 아이에게 방에 들어가서 혼자 공부하라는 것도 가혹한 처사이다. 그러므로 일정한 선에서 정리하는 것이 필요하다.

| 요약 | 아키타의 학력을 키우는 힘 7 규칙적인 생활

규칙적인 생활을 습관화하면 학력이 높아진다.

- 일찍 자고 일찍 일어나는 습관은 공부 집중력을 높인다.
- 올빼미 형 부모라면 자신의 생활 습관부터 바꿔야 한다.
- 일찍 잠자리에 들지 않는 아이라면 책을 읽어줌으로써 취침은 즐겁다고 느끼게 할 수 있다.
- 가정학습을 위한 일정한 시간과 장소를 확보해야 한다.
- 아침과 저녁 식사 시간을 안정적으로 정해놓는다.
- 공부 시간은 식사 시간을 축으로 정해 습관이 잡히도록 한다.
- 이상적인 저녁 식사 시간은 6시~6시 30분이다.

8
장

선생님과 연계해
가정학습을 습관화하라

★

선생님에게 가정학습의 요령을 배우라 │ 부족한 분야는 선생님에게 과제를 받으라
가정학습은 한 과목당 10분에서 시작하라

선생님과 연계해 가정학습을 습관화하라

선생님에게 가정학습의 요령을 배우라

공부할 '장소'와 '시간'은 확보했지만, 실제로 어떻게 공부를 시켜야 할지 몰라서 고민하는 부모가 적지 않다. 그럴 경우에는 학교 선생님들에게 협력을 요청하라고 조언한다. 선생님에게 가정학습의 요령을 적극적으로 물어본다.

선생님은 교육 전문가이다. 대부분의 선생님이 나름대로 열심히 방법을 생각해서 가정학습의 요령을 조언해줄 것이다. 또 선생님들은 그 교과의 프린트물과 학습 진도표, 문제집 등을 가지고 있다. 따라서 "이 문제집을 풀면 좋습니다" 하며 정보도 줄 것이다.

전국 학력 평가에서도 '가정학습 과제'를 내어주는 학교가 정답률이 높은 경향을 보였다.

아키타의 경우, 부모가 가정학습에 적극적으로 관심을 가지도록 학교에서 많은 노력을 기울이고 있다. 예를 들면 학교가 가정에 배포하는 가정학습에 대한 소책자에는 "이런 식으로 공부시켜 주세요" 하고 가정학습에 필요한 요령이 매우 구체적으로 소개되어 있다.

또 아이에게 가정학습 공책을 만들게 하여 가정학습을 독려할 수 있도록 다양한 방법을 활용하는 선생님과 학교도 있다. 아키타의 한 학교에서는 가정학습 지도의 일환으로 가정학습 공책을 만드는 방법을 복도에 붙여놓기도 한다. 그러면 복도를 지나는 아이들은 물론이고, 교내 행사로 학교를 찾은 어른들도 쉽게 볼 수 있다. 그렇게 함으로써 학부모들이 '이렇게 만들면 되는구나' 하고 쉽게 깨닫게 된다.

그 외에도 아이가 해온 숙제에 선생님이 짧게 글을 적어주거나 칭찬하는 등 세밀한 대응을 하면 아이들의 의욕을 북돋울 수 있다.

학교는 가정학습 요령에 대해 많은 노하우를 가지고 있다. 따라서 적극적으로 문의하여 선생님과 학교로부터 더 많은 도움을 받도록 한다.

가정학습의 길잡이

다카세 초등학교 2학년

약속

① 스스로 조용한 곳에서 공부합니다.

　공부할 시간을 정합니다.

　공부할 장소를 정합니다.

② 오늘 날짜와 학습 내용을 씁니다.

③ 20분 이상 열심히 합니다. (집중해서.)

④ 계산 문제집과 한자 문제집을 사용해 공책 2쪽을 채울 때까지

　쓰면서 공부합니다. (문제집의 빈칸도 채워 넣는다.)

⑤ 정답을 맞혀보고 틀린 곳을 고칩니다.

⑥ 한자와 숫자를 정성껏 씁니다.

※ 소리 내어 읽기, 시간표 점검, 연필을 깎아서 필통에
　챙기기까지 빠뜨리지 않고 합니다.

학습 내용

국어

• 한자 문제집(읽기 연습, 쓰기 연습, 획순 연습, 1학년 문제집도 복습).

• 한자가 들어간 문장 만들기.

• 보고 쓰기(오늘 배운 곳에서).

• 단어 짝짓기(반대말 비슷한 말).

• 작문.

• 책 소개 등.

아키타 현 유리혼조 시 다카세 초등학교 제공

아이가 해온 숙제에 선생님이

짧게 글을 적어 주거나 칭찬하는 등

세밀한 대응을 하면

아이들의 가정학습에 대한

의욕을 북돋울 수 있다.

부족한 분야는 선생님에게 과제를 받으라

선생님에게 가정학습에 대한 방법을 물을 때도 '요령'이 있다. 바로 구체적으로 질문하는 것이다.

"가정학습은 어떻게 해야 하나요?" 하고 묻는 것도 좋지만, "우리 아이는 분수 계산이 약한데, 어떤 공부법이 좋을까요?" 하고 아이가 잘 못하는 부분을 구체적으로 설명하면서 상의하는 것이 선생님의 입장에서도 조언하기 쉽다.

또 이렇게 구체적으로 질문하면 선생님에게 개별 과제를 받을 수도 있다.

아키타에서는 "국어 교과 지도로서, 가정학습의 지속적인 실시와 습관화를 꾀하기 위해 가정학습 과제를 내주고 있습니까?"라는 질문에 대해 "네"라고 대답한 학교가 초등학교와 중학교 모두 전국 평균보다 15포인트 높은 비율을 보였다. 구체적으로는 숙제 형태로 수업의 복습과 심화 학습을 아이들에게 요구한다.

이러한 교과 지도에 대해서는 국어뿐 아니라 산수·수학에서도 전국 평균을 웃도는 결과가 나왔다. 그리고 아이의 지속적인 가정학습을 위해 가정 노트나 프린트물을 배포하고, 가정학습 공책을 활용하도록 한다. 그런 숙제를 선생님에게 부탁하는 것도 한 가지 방법이 될 수 있다.

학습 방법을 모르는 아이도 프린트물이나 구체적인 과제가 제시되면 스스로 해나갈 수 있다.

또 개별 과제나 조언을 받았을 때는 감사의 인사를 잊지 않도록 한다. "선생님이 늘 과제를 내주시는 덕분에 요즘 우리 아이가 공부에 재미를 붙인 것 같아요. 정말 감사합니다"라고 인사하면 선생님의 기분도 좋아지고, 이후에도 지속적으로 협력을 아끼지 않을 것이다.

가정학습은 한 과목당 10분에서 시작하라

가정학습을 정착시키기 위해서는 처음에는 한 과목당 시간을 짧게 할애해도 상관없다. 하지만 매일 빠뜨리지 않고 하는 것이 가장 중요하다.

실제로 아키타의 경우 가정학습 정착률이 높긴 하지만, 매일 2~3시간씩 공부하는 아이는 없다. 한 과목당 공부 시간은 의외로 짧다. 물론 학교 수업에 집중하기 때문에 짧아도 좋은 결과를 낼 수 있지만, 알차게 공부하면 시간을 늘리지 않아도 공부하는 힘이 붙는다.

가정학습이 습관화되지 않은 아이에게는 한 과목당 10분씩, 하루 세 과목을 공부하는 방법, 즉 하루 30분 공부부터 시작하는 것이 좋다.

예를 들면 선생님이 내준 과제와 소개해준 문제집을 한 과목당 10분씩 하는 것이다.

만일 선생님의 협력을 얻을 수 있으면 선생님에게 "내일 ○쪽까지 해라" 하고 지시를 부탁드려도 된다. 공부를 마치면 스스로 채점한 후, 선생님에게 보여드리고 다음 지시를 받는다. 초등학교 저학년은 부모가 채점해주는 것이 좋다.

선생님과 부모로부터 "잘했다", "다음에도 잘하자"라는 평가를 받으면 아이는 가정학습에 의욕을 보이게 된다.

아이에게 가정학습 습관을 가지게 하는 것은 절대 쉬운 일이 아니다. 선생님에게 요령을 배웠다고 해서 내일 당장 시작할 수 있는 것도 아니다.

아이가 적응하지 못할 때도 있다. 하지만 그런 경우를 여러 번 반복하면서 시행착오를 겪다 보면 가정학습 습관이 몸에 배게 된다. 그렇게 되기까지 부모는 절대 포기해서는 안 된다. 끈기를 가지고 해나가는 수밖에 다른 방법이 없기 때문이다.

물론 부모 혼자서 하면 포기하고 싶을 때도 있을 것이다. 그럴 경우에는 학교나 선생님의 협력을 얻는다. 분명 많은 선생님이 힘을 빌려줄 것이다.

| 요약 | 아키타의 학력을 키우는 힘 8 가정학습

가정학습이 잘 정착된 가정의 아이가 학력이 우수하다.

- 선생님에게 적극적이고 구체적으로 가정학습의 요령을 물으라.
- 아이의 수준에 맞고 상세한 과제가 적힌 가정학습 공책을 만들라.
- 가정학습은 수업의 복습 위주로 유지되도록 한다.
- 공부 시간은 짧게 집중적으로 하라.
- 가정학습 시간은 한 과목당 10분부터 시작하라.
- 가정학습에 대해 '잘했다' '다음에도 잘하자' 하는 평가를 해준다.
- 가정학습이 습관화되도록 포기하지 말고 끈기있게 해나간다.

9
장

독서가
학력을 끌어올린다

★

10~15분 아침 독서를 생활화하라 │ '책 읽어주기'가 독서하는 아이를 만든다
'책 읽어주기'는 짧게 매일 하라 │ 아이와 정기적으로 서점에 가라
교과서를 참고로 책을 구입하라 │ 아이와 같은 책을 읽고 대화하라
눈에 띄는 곳에 책을 꽂아두라 │ 거실에 책장을 두라
책은 구입해서 보관하는 습관을 들이라 │ 신문 읽기의 재미를 가르치라

독서가 학력을 끌어올린다

10~15분 아침 독서를 생활화하라

아키타에서는 상당수의 학교가 '아침 독서'를 실천하고 있다. 아침 독서는 1교시 시작 전에 10~15분 동안 아이들이 직접 고른 책을 조용히 읽는 시간을 말한다.

전국 학력 평가에서도 아키타의 아이들이 독서를 좋아한다는 것이 증명되었다. "책 읽기를 좋아하는가?"라는 물음에 "그렇다", "그런 편이다"라고 대답한 아키타의 초등학생과 중학생의 비율이 전국 평균에 비해 높은 것으로 나타났다.

'독서가 학력을 향상시킨다'는 것은 오래전부터 지적되었던 부분이다. 그 이유는 여러 가지가 있지만, 무엇보다 독서에 의해 언어 능력이 단련되기 때문이다.

2011년부터 시작되는 신新학습 지도 요령에서도 아이들에게 '독서 습관을 형성할 것'을 강조하고 있다.

국어의 학력은 물론이고 사회, 과학, 산수·수학, 영어, 가정·기술, 음악, 공작·미술, 체육 등의 학력도 독서와 깊이 관련되어 있다. 모든 과목이 결국 '언어'를 사용해서 배우기 때문이다.

예를 들면 사회 과목에서 다루는 역사에서도 언어가 중요한 열쇠가 된다. 역사는 처음부터 존재한 것이 아니다. 실제로 일어난 일을 기술하는 사람들이 '오닌의 난', '메이지 유신' 하는 식으로 명칭을 붙이고, 전후의 일과 관련지어 평가하는 것이 역사이다. 그 명칭과 평가, 그리고 관련 짓기는 전부 언어에 의해 이루어진다.

과학도 마찬가지이다. 자연계에서 일어나는 현상을 숫자를 포함한 언어에 의해 정리한 것이 자연과학이다. '고기압'과 '저기압'이라는 자연현상도 인간이 언어로써 의미를 부여한 것이다.

산수·수학도 숫자만 나열되어 있다고 생각하지만, 그 기본은 언어이다. 수치나 식만으로는 제삼자가 이해할 수 없다. 수치와 식을 다루면서, 결국은 언어에 의해 수학적인 사고방식과 답을 이끌어내는 것이다.

언어 능력이 풍부할수록 이러한 교과의 학습도 효율적으로 이루어진다. 따라서 전 과목의 효율적인 학습을 위해서도 독서는 매우 중요하다.

'책 읽어주기'가 독서하는 아이를 만든다

그럼, 자녀의 독서 습관은 어떻게 만들어주는 것이 좋을까? 우선 '책 읽어주기'를 권한다. 책을 읽어주면 틀림없이 독서하는 아이로 성장한다.

가능한 아이가 어릴 때부터 책을 읽어주는 것이 좋다. 아이는 글자에 익숙하지 않은 단계에서는 책을 제대로 읽지 못한다. 나열된 글자에서 어떻게 이미지를 떠올려야 하는지 모르기 때문이다. 그러므로 부모가 대신 읽어서 음성화해준다. 그렇게 하면 쉽게 이미지를 떠올릴 수 있다.

책 읽어주기는 그림책부터 시작한다. 어릴 때는 아이를 옆에 앉히고 그림을 같이 보면서 읽어준다. 옆에 앉히기가 어려우면 책을 읽다가 가끔씩 그림을 보여주는 것도 좋다. 잠들기 전에 잠자리에서 읽어주는 것도 효과적이다.

책 읽어주기에 익숙해지면, 아이의 표정을 보면서 연출을 더한다. 예를 들어 어느 부분만 일부러 천천히 읽고 나서, "어머, 어떻게 된 걸까!", "너무 가엾다, 그렇지?" 하고 말을 걸어본다.

또 "고슈는 마을의 사진관에서 첼로를 연주하는 일을 맡고 있었다"(미야자와 겐지의 《첼로 켜는 고슈》)고 하는 부분에서는 "첼로가 뭔지 알아?" 하고 물어본다. 그러고는 "가엾지?" 하고 말을 걸거나, "누가 나쁜 것 같아?" 하고 물어본다.

"그런데 그때……" 하고 다음 장면이 기대되는 부분에서는 책장을 넘기지 않고 살짝 애를 태우거나, 그림책이 아닌 경우에는 다음 장을 읽을 때까지 사이를 둔다. 그러면 아이는 "얼른 넘겨요", "얼른 읽어줘요" 하면서 다음 장면을 기다린다. 그것도 책 읽어주기의 재미이다.

독서는 읽는 사람과 작품과의 대화이다. 그런 연출을 할 수 있다면 책 읽어주기의 프로라고 할 수 있다. 아이에게 말을 걸고 질문을 하며 책을 읽음으로써 아이는 이야기 세계에 푹 빠져들게 된다.

'읽는 게 서툴러서 아이가 좋아하지 않을지도 모른다' 고 걱정할 필요는 없다. 크게 잘 읽을 필요도 없다. 천천히 정성스럽게 읽어주면 아이도 틀림없이 좋아할 것이다.

'적독'은 책을 읽지 않고

쌓아두는 것을 말한다.

이것으로도 충분하다.

책은 눈에 띄는 곳에 있으면

읽고 싶어질 때가 있기 때문이다.

'책 읽어주기'는 짧게 매일 하라

책 읽어주기는 가능한 매일매일 하는 것이 좋다. 오래 읽어줄 필요는 없다. 내용이 짧은 그림책이라면 5분, 혹은 10분이면 읽을 수 있다. 잠들기 전에 조금씩, 아버지와 어머니가 번갈아 읽어주는 것도 좋다.

아이가 짧은 이야기에 만족하지 않으면 조금 긴 내용의 이야기나 소설에 도전해본다. 물론 한번에 끝까지 읽지 않아도 된다. 텔레비전의 연재 만화영화처럼 "다음은, 내일!" 하는 식으로 적당한 곳에서 멈춘다.

예를 들어 《해리포터와 불의 잔》이라면, "해리는 멍하니 덤블도어를 바라보다가 잠자코 뭔가를 기다리는 마법사들을 보았다. 그리고 다시 덤블도어를 보았다. 그때……"에서 멈춘다. 그리고 "다음은 내일 읽자" 하며 책을 덮는다.

이것도 아이의 독서 욕구를 이끌어내는 데 상당히 효과적이다. 개중에는 다음 내용이 궁금해서 직접 읽기 시작하는 아이도 있다. 그것도 나쁘지 않다.

내 경험으로는, 초등학생과 중학생은 물론 고등학생도 수업 시간에 책을 읽어주면 상당히 좋아한다. 물론 학교에서 읽어주는 것과 부모가 읽어주는 것은 다르지만, 상당한 나이에 이른 아이들도 책을 읽어주는 것을 좋아한다.

예전에 길거리에서 책을 읽어주는 한 청년에 대한 기사를 신문에서 읽은 적이 있다. 그 청년의 주변에는 많은 어른들이 모여들어, 그가 읽어주는 이야기에 귀를 기울인다고 쓰여 있었다. 그의 팬이 되어 시간이 날 때마다 그가 읽어주는 이야기를 들으러 오는 어른도 있고, 눈물을 흘리며 듣는 사람도 있다고 한다. 이렇게 책 읽어주기에는 연령 제한이 없다.

아이와 정기적으로 서점에 가라

아이에게 독서 습관을 갖게 하려면 정기적으로 아이와 함께 서점에 가서 좋아하는 책을 고르도록 하는 방법도 있다. 그때 아이가 고른 책을 가능한 밀쳐두지 않는다. 만화가 포함되어 있어도 괜찮다. 그러나 너무 만화만 고르면 "오늘은 만화는 한 권만, 만화 이외의 책은 두 권을 고르자" 하고 조건을 단다. 부모가 조금씩 지혜를 짜냄으로써 '서점에 가면 재미있는 책을 살 수 있다'고 느끼도록 하는 것이 중요하다.

최근에는 활자를 기피하는 아이들이 늘고 있다고 한다. 확실히 예전에 비해 책을 읽지 않는다. 그러나 나는 아이들이 책을 싫어하는 것은 아니라고 생각한다.

좋아하는 책, 읽고 싶은 책을 만나지 못한 것뿐이다. 그 증거로, 그전까지 책다운 책은 읽어본 적이 없다고 생각했던 아이가 이거다 싶은 책을 만난 순간, 정신없이 책 내용에 빠져드는 경우를 여러 번 목격했다.

그런 만남은 빠를수록 좋다. 서점에 가서 좋아하는 책을 사는 습관을 들이게 되면 자연스럽게 책을 읽게 된다.

교과서를 참고로 책을 구입하라

아이에게 좋아하는 책을 고르게 하면서 가끔 "이 책을 읽어보면 어떨까?" 하고 부모가 직접 권해주는 것도 좋다. 이야기책만 좋아하는 아이라면 논픽션 장르도 가끔씩 권해본다.

그러나 아이가 좋아할 만한 책을 고르기가 생각만큼 쉽지는 않다. 그럴 때 의외로 도움이 되는 것이 아이의 국어교과서이다. 요즘 국어 교과서에는 초등학교와 중학교 모두 전 학년에 추천 도서가 소개되어 있다. 그중에서 아이가 좋아할 만한 것을 골라준다.

나도 초등학교와 중학교 국어 교과서 편집위원을 맡고 있다. 추천 도서를 결정할 때는 편집위원회에서 많은 책들 가운데 아이들이 흥미를 느낄 만한 것을 신중히 선별한다. 물론 아이들에게 적절하지 않은 내용이나 표현이 있는 책은 추천하지 않는다. 또한 절판된 것은 기본적으로 소개하지 않는다. 그래서 서점에 가면 대개 쉽게 구입할 수 있고, 서점에 없어도 주문하면 곧바로 받아볼 수 있는 책을 선정한다.

이러한 추천 도서 페이지를 활용하기 위해서는 학년이 올라가도 교과서를 버리지 않는 것이 좋다. 6학년이라고 해서 6학년 추천 도서만 읽어야 하는 것은 아니다. 5학년 교과서에서 아이에게 맞을 만한 책을 찾아도 상관없다.

그 외에도 국어 교과서를 사용해서 책을 찾는 방법이 있다. 교과서에 이야기나 소설, 설명문이 실릴 때는 대부분 그 단원의 앞이나 뒤에 작가나 필자의 다른 작품들이 소개되어 있다. 거기에서 아이가 읽을 만한 책을 고를 수도 있다.

예를 들어 미쓰무라 도서에서 출간된 초등학교 2학년 교과서에는 으뜸 헤엄이의 제안으로 작은 물고기들이 힘을 합해 큰 물고기에 대항하는 이야기인 〈으뜸 헤엄이〉라는 작품이 나온다. 이것은 옛날부터 게재되어온 인기 교재로, 학부모들 중에도 기억하는 분들이 있을 것이다.

이 작품의 작가는 네덜란드의 동화작가 레오 리오니이다.

〈으뜸 헤엄이〉의 마지막 장을 보면 그의 다른 작품으로 〈새 앙쥐와 태엽쥐〉, 〈세상에서 가장 큰 집〉이 소개되어 있다.

만일 아이가 교과서의 작품과 문장에 흥미를 보이면 소개되어 있는 다른 책들 가운데 골라서 사주면 된다. 수업 진도에 맞춰 구입해도 좋지만, 지난 후에라도 상관없다. 경우에 따라서는 학년이 올라간 후에 사주어도 무방하다. 어떤 식으로든 아이의 흥미와 독서의 폭을 넓힐 수 있는 계기가 된다.

또, 교과서를 보는 것만으로 자녀와 대화할 기회가 생길 수도 있다.

예를 들면 "어머, 〈으뜸 헤엄이〉가 있네. 옛날 생각난다. 지금도 교과서에 나오는구나", "엄마도 중학생 때 〈달려라 메로스〉 읽었는데" 하고 말을 걸면 아이도 흥미를 보일 것이다.

아이와 같은 책을 읽고 대화하라

아이에게 독서 습관을 갖게 하기 위해서 부모도 아이가 읽는 책을 읽어보는 방법이 있다. 이것을 통해 아이와 공통점이 생기므로 대화를 유도할 수 있는 계기가 된다.

아키타의 초등학교와 중학교 중에는 '가족 독서 주간'을 만들어 부모와 자녀가 같은 책을 읽고 감상을 이야기하는 활동을 벌이는 곳이 있다.

예를 들어 아이가 《해리포터》를 좋아하면 부모도 그 책을 읽는다. 같은 책을 두 권 살 필요는 없다. 아이가 학교에 간 사이에, 아니면 아이가 읽은 후에 읽어도 된다. 아이의 읽는 속도가 느릴 때는 부모가 먼저 읽어도 상관없다.

아이의 교과서를 과목에 상관없이 부모가 읽어보는 방법도 있다. 학부모들 중에는 교과서라면 무조건 딱딱하고 재미없다는 인상을 가진 경우가 있는데, 요즘 교과서는 그렇지 않다. 옛날에 비해 상당히 좋아졌다. 내용도 재미있게 구성되어 있는 데다 지면도 화려해서, 마치 잡지를 읽는 감각으로 매우 읽기 쉽게 만들어져 있다.

부모가 아이와 같이 교과서를 읽을 때는 주의해야 할 것이 있다. 지나치게 공부와 연결지어서는 안 된다는 것이다. "세키가하라 전투가 몇 년에 일어났는지 아니?", "〈달려라 메로스〉의 작가 이름, 한자로 쓸 수 있어?", "아르키메데스의 법칙이 뭔지 말할 수 있니?" 하고 물으면 공부를 가르치는 분위기가 되어버린다.

따라서 집에서는 교과서를 통해 즐겁게 대화하도록 유도해야 한다. 그때 부모는 아이의 감상을 자세히 들어주는 자

아이에게 독서 습관을 갖게 하려면 부모도 아이가 읽는 책을
같이 읽어봐야 한다. 아키타의 초등학교와 중학교에서는
'가족 독서 주간'을 만들어 부모와 자녀가 같은 책을 읽고
감상을 이야기하는 활동을 벌인다.

세를 가져야 한다. 부모와 다른 의견을 말하더라도 절대 부정해서는 안 된다. "아, 그래?" 하고 이야기를 들어줌으로써 아이가 더욱 적극적으로 자신의 생각을 말할 수 있도록 해주는 것이 좋다.

예를 들면 〈달려라 메로스〉에 대해서, "메로스는 너무 잘난 척해. 이런 얘기 재미없어" 하고 아이가 말할지도 모른다. 그때 부모는 "다자이 오사무의 명작인데 재미없을 리가 있겠니? 그건 네가 잘 이해하지 못해서 그럴 거야" 하고 아이의 의견을 부정하는 듯한 말을 해서는 안 된다.

대화가 이느 정도 무르익은 단계에서는 "그건 알겠는네" 하고 아이의 생각을 인정한 다음, 덧붙여서 "엄마는 메로스한테도 좋은 점이 있다고 생각해. 인간은 그렇게 꼴사납게 잘난 척도 하고 그런단다" 하고 부모의 생각을 말해주면 된다. 물론 "사실은 엄마도 그렇게 생각해" 하고 공감해도 좋다.

눈에 띄는 곳에 책을 꽂아두라

애써 책을 사주었는데, 실제로 읽었더니 재미가 없다며 도중에 읽기를 그만두는 경우도 있다. 그럴 때 끝까지 읽으라고 무리하게 강요해서는 안 된다. 책은 반드시 처음부터 끝까지 전부 읽어야 하는 것은 아니다. 재미있는 부분만 골라 읽거나, 1장만 읽어도 '충분하다'고 인정하자.

개중에는 구입한 책을 거의 읽지 않는 아이도 있다. 부모로서는 돈을 주고 샀으니 아까워서 화도 나겠지만, "돈 주고 산 건데 왜 안 읽어!", "이럴 거면 다시는 책 사달라고 하지 마!" 하고 아이에게 소리를 지르거나 윽박질러서는 안 된다. 그 대신에 아이의 눈에 띄기 쉬운 곳에 책을 놓아두고 읽고 싶으면 그때 읽어라, 하는 자세를 취하도록 한다.

'적독積讀'이라는 말이 있다. 책을 읽지 않고 쌓아두는 것을 말한다. 나는 이 적독으로도 충분하다고 생각한다. 책은 눈에 띄는 곳에 있으면 읽고 싶어질 때가 있다.

읽지 않아도 "나쓰메 소세키의 〈도련님〉, 어디선가 본 적이 있어", "이노우에 히사시의 이름은 어딘가에서 본 적이 있는데" 하고 기억에 남게 된다. 그런 것이 이후 학습에 도움이 되고, 독서의 범위를 넓히는 계기가 된다.

집안 곳곳에 책이 꽂혀 있는 가정은 그렇지 않은 가정에 비해 자녀가 독서를 좋아할 가능성이 높다. 책이 주위에 있으면 읽는 권수도 늘어난다. 50권 가운데 1권을 읽는다면, 100권이 있다면 읽는 책은 2권으로 늘어날 수도 있다.

200권이 있으면 4권을 읽을지도 모른다.

거실에 책장을 두라

적독을 할 경우에는 거실이나 주방처럼 가족이 함께 모이는 장소에 책장을 놓고, 그곳에 책등의 제목이 보이도록 꽂아두는 것이 좋다. 책장의 크기는 상관없다. 아이의 눈길이 미치는 곳에 책을 두는 것이 요령이다.

이것은 독서 습관을 갖게 하는 데 매우 중요하다. 책을 읽고 싶다는 생각이 든 순간, 쉽게 읽을 수 있기 때문이다. 읽고 싶다는 생각이 들어 책을 찾는 데 시간이 걸린다면, 그 사이에 읽을 마음이 사라진다.

도서실에서 빌려온 책이나 아이들이 집에서 가지고 온 책으로 '학급문고'를 만드는 학급이 많은데, 그것도 가까이에 책을 두는 중요성을 생각했기 때문이다.

책장에는 아이가 읽는 책뿐 아니라 부모가 읽는 책도 함께 꽂아둔다. 그것을 보고 아이가 "이게 무슨 책이에요?" 하고 물어본다면, 그것은 대화를 나눌 좋은 기회가 된다. 망설이지 말고 "이건 지금은 촌스럽다는 생각이 들 만큼 눈물겨운 사랑 이야기야. 한번 읽어볼래?" 하고 권한다. 때

거실이나 주방처럼 가족이 함께
모이는 장소에 책장을 놓고,
그곳에 책등의 제목이 보이도록
꽂아두는 것이 좋다.
아이의 눈길이 미치는 곳에
책을 두는 것이 요령이다.
책을 읽고 싶다는 생각이 드는 순간,
쉽게 읽을 수 있기 때문이다.

로는 "이거 정말 재미있어. 엄마가 아끼는 거라서 다른 사
람한테는 보여주기 싫은데" 하고 연기를 해보이는 방법도
있다. 그런 말을 들으면 아이는 '읽고 싶다'고 느낀다.

그렇게 대화를 나누다 보면 아이는 책장에 꽂혀 있는 책
에 점점 더 흥미를 가지게 된다.

또 책장에는 사전을 꽂아두는 것이 좋다. 알고 싶은 것,
관심 있는 것이 생겼을 때 바로바로 찾아보는 습관을 들이
기가 쉽기 때문이다. 가능하면 2~3권, 다른 종류의 국어
사전을 준비해두도록 하라. 그렇게 하면 같은 단어라도 사
전에 따라서 설명 방식이 다르다는 것을 발견할 수 있다.

책은 구입해서 보관하는 습관을 들이라

독서 습관을 가지게 된 아이가 책을 사달라고 하면 부모
로서는 아이의 독서 습관에 대한 문제는 일단락되었다고 느
낀다. 하지만 그때부터 도서 구입비가 들게 된다.

그러나 다른 경비를 아껴서라도 아이가 읽을 책은 사주
는 것이 좋다. 가족의 장거리 여행을 한 번 포기하거나, 새
것으로 바꾸려던 텔레비전을 1년 더 사용하는 등 다른 경
비를 아껴서 책을 사주는 것이 중요하다.

아이에게 책을 사주는 것은 선행 투자이다. 독서 습관의 유무는 그 아이의 일생을 좌우한다고 해도 과언이 아니다. 독서는 학력을 키워줄 뿐 아니라 인간성도 키워준다. 그것은 또한 부모가 아이에게 줄 수 있는 최고의 선물들 가운데 하나이다.

물론 책은 도서관에서 빌려 읽어도 되지만, 도서관만 이용해서는 안 된다. 앞에서도 말했듯이, 책을 사서 집에 두는 데 의미가 있기 때문이다.

책을 집에 꽂아두면 읽고 싶을 때 언제든, 몇 번이든 읽을 수 있다. 당장 읽지 않아도 언젠가는 읽을 것이며, 제목이 적혀 있는 책등을 보는 것만으로도 의미가 있다. 그런 점에서도 구입한 책은 헌책방에 팔지 않고 집에 보관해두는 것이 좋다.

신문 읽기의 재미를 가르치라

전국 학력 평가에서는 "신문과 텔레비전의 뉴스에 관심이 있다"고 대답한 아이가 정답률이 높은 경향을 볼 수 있다.

책뿐 아니라 신문을 읽는 습관을 가지는 것도 좋다. 신문에는 텔레비전이나 인터넷으로는 전할 수 없는 정보와 의견, 그리고 사고방식이 담긴 글이 있다.

아이들의 학력 향상 측면에서도 신문은 '보물섬'과 다름 없다. 가능한 이른 시기에 신문 읽기의 재미와 즐거움을 느끼게 해주도록 한다.

신문은 한자가 많아서 중학생이 되지 않으면 쉽게 읽지 못할 수도 있다. 그러나 기사에 따라서는 초등학교 고학년 (4~6학년)이라면 충분히 이해할 만한 내용들도 적지 않다.

그러나 부모가 아무리 "신문 한번 읽어보자", "신문을 읽으면 얼마나 재미있는데" 하고 말해도 아이는 바로 신문을 읽으려고 하지 않는다. 그보다는 아이가 흥미를 가질 만한 기사를 읽도록 권해보는 것이 좋다.

"중학생의 휴대 전화에 대한 찬반 의견이 실렸네", "오사카 지사가 학력이 없는 아이는 체력도 없을 거라고 말했대", "이 광고, 꽤 괜찮지 않니?" "오늘 네 컷 만화, 정말 걸작이야!" 하고 말을 건넨다. 그렇게 조금씩 신문의 재미와 읽는 즐거움을 알려주도록 한다.

또, 부모가 신문을 읽는 모습을 아이에게 보이는 것도 좋다. 독서도 마찬가지이다. 아이는 그런 부모의 모습을 보면서 '신문을 읽는 것, 책을 읽는 것은 아주 좋은 일', '신문과 책 읽기는 생활의 일부'라는 사실을 자연스럽게 배우게 된다.

독서는 학력을 끌어올린다.

- 아침 10~15분 아이가 직접 고른 책으로 아침 독서를 시작하라.
- 책 읽어주기를 매일 하면 독서하는 아이로 성장한다.
- 하루 5~10분 정도로, 아이가 잠들기 전에 책을 읽어준다.
- 정기적으로 아이와 서점에 가서 좋아하는 책을 사준다.
- 국어 교과서에 수록된 책을 권하는 것도 좋은 방법이다.
- 교과서를 같이 읽으면서 즐겁게 대화할 기회를 만들라.
- 아이와 같은 책을 읽고 대화할 때는 아이의 감상을 주의깊게 들으라.
- 구입한 책을 다 읽지 않는다면 눈에 띄는 곳에 꽂아두라.
- 집안 곳곳에 책을 꽂아두면 독서의 범위가 자연스레 넓어진다.
- 거실이나 주방처럼 가족이 함께 모이는 곳에 책장을 둔다.
- 책장에는 사전을 반드시 구비해 두라.
- 도서관을 이용하는 것보다 책은 되도록 사서 책장에 꽂아둔다.
- 아이가 흥미를 가질 만한 신문 기사를 읽어준다.

10
장

미래에는
활용형 학력이다

★

지식·기술형과 활용형 학력 | 지금은 활용형 학력이 필요하다
읽고 생각하고 쓸 수 있어야 활용형 학력이다 | 발표와 의견 교환이 활용형 학력을 키운다
정답보다는 다양한 답을 독려하라

미래에는 활용형 학력이다

지식·기술형과 활용형 학력

프롤로그에서도 언급했듯이, 전국 학력 평가에는 A문제와 B문제가 있다. A문제는 지식과 내용의 확인, 계산력, 그리고 기본적인 의미를 묻는 것이고, B문제는 그것들을 실생활에서 어느 정도 자유자재로 구사할 수 있는지, 문제 해결에 활용할 수 있는지, 주체적인 평가에 활용할 수 있는지를 묻는 것이다.

B문제를 활용형 학력이라고 하며, 국제 학업 성취도 평가PISA의 '독해력'이 여기에 해당된다. B문제를 만든 것은 아이들에게 이러한 학력을 기대하기 때문이다.

2011년부터 실시되는 신新학습 지도 요령에는 활용형을 중시하는 문부과학성의 방침이 여실히 드러난다. 거기에는 '자신의 생각을 말한다', '대화와 토론을 한다', '의견을 말하는 문장을 글로 쓴다', '평가한다', '비판한다'라는 표현이 나온다. 즉, 스스로 생각하고, 그것을 표현하고, 평가하는 것이 중요시된다.

이러한 흐름을 받아들여서 앞으로는 학교의 입시 시험에서도 활용형 학력을 묻는 문제가 많이 출제될 것으로 예상된다.

정말로 학력을 그렇게 두 가지로 나눌 수 있는가에 대해서는 여전히 의견이 분분하다.

나는 편의상 두 가지로 나눌 수 있다고 생각한다. 그러나 그 둘은 각각 서로 무관한 것이 아니라 표리일체이다. 지식과 내용의 확인이나, 계산과 의미의 이해가 이루어지지 않은 상태에서 주체적인 판단과 문제 해결은 불가능하다.

그러나 지식과 내용의 확인이나, 계산과 의미의 이해가 이루어졌다고 하더라도 활용할 수 없으면 그것은 '학력'이라고 부를 수 없다. 실제로 자유자재로 구사하여 활용할 수 있어야만 학력이라고 할 수 있다.

전국 학력 평가의 B문제와 PISA의 '독해력' 문제도 완벽한 것은 아니다. 아이들의 주체적인 판단력, 평가력, 비판력을 좀 더 요구하는 문제는 얼마든지 출제할 수 있다. 그런데도 그렇게 하지 않는 데에는 학력관에 대한 관대함 때문이다.

어쨌든 지금까지의 시험에서 실시되었던 지식과 내용의 확인, 계산과 기본적인 의미의 이해를 중시하는 학력, 즉 지식과 기술 능력만으로는 안 된다는 것은 사회적으로 거의 보편화되었다.

지금은 활용형 학력이 필요하다

활용형 학력의 필요성은 이전부터 여러 번 이야기되어왔다. 그러나 그것은 소수파의 의견일 뿐이었다. 그리고 학력은 역시 지식 및 기술형이라는 것이 압도적인 주류를 이루었다.

그러나 최근 수년간 일본에서도 활용형 학력이 중시되는 추세를 보이고 있다. 가장 큰 계기는 앞에서 지적한 2004년도 PISA의 충격 때문이었다. 2003년에 실시된 국제 학업 성취도 평가의 결과가 발표되고, 세계에서 일본의 위치가 숫자로 표시된 것이다. 그리고 일본 아이들의 활용력, 문제 해결력, 평가력이 충분히 키워지지 않았다는 것이 분명해졌다.

이 때문에 문부과학성도 단번에 활용형 학력 중시로 방향을 바꾸게 된다. 2007년부터 시작된 전국 학력 평가가 그것이다. 지금까지 주류를 이루었던 지식 및 기술형의 A 문제와 새로운 활용형인 B문제 두 가지의 형식을 설정해서 실시한 것이다.

B문제가 '활용형' 문제로서 철저하지 못하다는 지적도 있지만, 적어도 지금 이 시대에 실생활에서 살아가는 능력, 주체적으로 문제를 해결하는 능력, 스스로 생각하고 평가하고 판단하는 능력이 필요하다는 것은 분명하다.

읽고 생각하고 쓸 수 있어야 활용형 학력이다

그렇다면 활용형 학력이란 무엇일까?

백문이 불여일견百聞不如一見이라고 했다. 2007년 전국 학력 평가의 중학 국어 B문제를 살펴보자. 이 문제에는 아쿠타가와 류노스케의 소설 〈거미줄〉의 전문이 제시되어 있다.

〈거미줄〉은 석가모니가 평화로운 극락에서 지옥의 상황을 지켜보는 가운데 이야기가 시작된다. 흉측한 죄를 저질러 지옥에 떨어진 간다타를 본 석가모니는 그가 거미를 살

려준 적이 있다는 것을 떠올리고는 간다타를 위해 거미줄을 내려보낸다. 여기까지가 장면 '1'이다.

간다타는 위에서 내려오는 거미줄을 재빨리 잡고 극락을 향해 줄을 타고 오르기 시작한다. 그러나 간다타 밑에는 수많은 사람들이 거미줄에 매달려 있었다.

그것을 본 간다타는 큰 소리로 "이런 못된 죄인들! 이 거미줄은 내 거야. 네놈들은 누구한테 허락받고 기어오르는 거야. 내려가, 어서 내려가" 하고 소리친다. 그 순간 거미줄은 끊어지고, 간다타와 죄인들은 다시 지옥으로 떨어진다. 여기까지가 장면 '2'이다.

이것으로 소설이 끝나도 되지만 이후 장면 '3'이 있다.

석가모니는 다시 극락을 걷기 시작한다. 발 언저리에서 연꽃의 향기가 끊임없이 흘러나온다. 그런 묘사로 작품은 끝난다.

이 장면 '3'에 대해서 질문을 만들었다.

해답란은 '나는 [   ]의 생각에 찬성합니다'로 시작된다.

이 설문의 출제 의도는 '작품의 내용과 구성, 표현상의 특색을 파악해서 자신의 생각을 쓰는 것'이다.

또, 예를 들면 장면 '3'은 없는 것이 좋다고 생각하는 나

3. 중학생 나카야마와 기무라는 이전에 읽은 〈거미줄〉은 장면 '3'이 생략되었다는 것을 기억해내고 다음과 같은 대화를 나누었습니다.

    나카야마 : 나는 이 장면 '3'은 없는 것이 낫다고 생각해.
    기무라 : 아냐, 이 작품에는 '3'이 있는 것이 나아.

여러분은 나카야마와 기무라 중 누구의 생각에 찬성합니까. 한 사람을 골라서 선택한 사람의 이름을 해답 용지에 나와 있는 첫 문장의 [   ]에 쓰세요. 다음으로, 그렇게 생각하는 이유를 다음의 조건1~조건3에 맞게 쓰세요. 또, 문장을 고치고 싶을 때는 두 줄로 그어서 지우거나 행간에 써도 됩니다.

【조건 1】
•글의 첫 문장에 이어서 적을 것.

【조건 2】
•본문 중의 표현과 내용에 언급되는 것.

【조건 3】
•80자 이상, 120자 이내로 쓸 것(해답 용지에 쓰여 있는 문장의 글자 수를 포함).

카야마를 선택한 정답 예로서 "나는 나카야마 의 생각에 찬
성합니다. 장면 3이 없으면 '끊어진 거미줄만이 이따금 빛
을 내며'로 끝나기 때문에 이야기가 인상적인 여운을 남겨
서, 왜 거미줄이 끊어져 간다다가 지옥에 떨어졌는지 스스
로 생각해볼 수 있기 때문입니다"라는 것이 제시되었다.

또 다른, 2008년 전국 학력 평가의 중학 국어 B문제도
소개해본다. '전연(全然, 부정문에서는 '전혀', 긍정문에서는
'전적으로'라는 뜻으로 쓰이며, '굉장히'라는 의미도 있다)'이
라는 단어의 사용법에 대해서 설명한 보고서에 관한 문제
이다.

③ 중학생 나카니시는 국어 수업에서 '신경 쓰이는 일본어'
를 주제로, 주위에서 쓰는 말 가운데 의문을 가졌던 것이나 흥
미를 가졌던 것에 대해서 조사해보기로 했습니다. 다음은 나
카니시가 작성한 보고서의 일부입니다. 이것을 읽고 다음의
물음에 답하세요.

다음으로 문제 용지에는 '전연'이라는 말에 대한 나카니
시의 보고서의 일부가 제시된다. "'전연 밝다'라는 표현을
하는 사람이 젊은 세대에 많다"라는 내용의 보고서이다.

그리고 다음과 같은 설문이 제시된다.

3. 나카니시의 보고서를 읽으면서 미나미와 하라는 '전연'의
   사용법에 대해서 다음과 같이 말합니다.

   미나미 : 나는 '전연 밝다' 라는 말을 써도 된다고 생각해.
   하라 : 나는 '전연 밝다' 라는 말은 하지 않는 것이 낫다고
   　　생각해.

여러분은 미나미와 하라 중 누구의 생각에 찬성합니까. 한 사
람을 골라서 그 사람의 이름을 해답 용지에 나와 있는 첫 문
장의 [　　　　]에 쓰세요. 다음으로, 그렇게 생각하는 이유
를 다음의 조건1~조건3에 맞게 쓰세요. 또, 문장을 고치고
싶을 때는 두 줄로 그어서 지우거나 행간에 써도 됩니다.

【조건1】
● 보고서에 있는 국어사전의 표기와 그래프의 내용을 근거로 쓸 것.

【조건2】
● 근거로 한 국어사전의 기술과 그래프의 내용을 구체적으로 들어 쓸 것.

【조건3】
● '왜냐하면'에 이어서 70자 이상, 100자 이내로 쓸 것.
　(해답 용지에 쓰여 있는 문장의 글자 수를 포함.)

해답란은 '나는 [   ]의 생각에 찬성합니다. 왜냐하면……'으로 시작된다. 이 설문의 출제 의도는 '읽고 이해한 정보를 근거로 제시하면서 자신의 입장을 명확히 하고 의견을 쓰는 것'이다. 예를 들면 '전연 밝다'라는 말을 써도 된다고 하는 '미나미'를 선택한 정답 예로서 "나는 미나미의 생각에 찬성합니다. 왜냐하면 모든 국어사전에 '전연' 다음에 부정적인 표현이 오는 경우와 오지 않는 경우 두 종류의 사용법이 실려 있으므로 어느 쪽으로 쓰든지 상관없다고 생각합니다"라는 글이 제시되어 있다.

2007년도와 2008년도 문제 모두 난순히 자신의 생각만을 써서는 정답이 될 수 없다. '조건'에 맞게 제시된 문장과 자료에 근거해 이유를 나타내야 한다. 이것은 어른이 보아도 순간 '골치 아프겠다'는 생각이 든다.

아키타의 경우, 2007년 설문의 정답률은 80퍼센트, 2008년 설문의 정답률은 60퍼센트로 전국 평균보다 10포인트나 높았다. 또 무답률은 전국 평균의 절반이었다. 이 결과로 보아 아키타의 아이들은 활용형 학력이 비교적 갖추어져 있다고 할 수 있다.

서로 의견을 이야기하고 토론하는 것으로

사고력이 발전한다.

새로운 아이디어나 생각은

실수를 두려워하지 않는 도전과

시행착오 속에서 생겨난다.

발표와 의견 교환이 활용형 학력을 키운다

아키타의 아이들이 이러한 활용형 학력을 습득하게 된 배경에는 학교 수업에서 적극적으로 발표하고, 토론하고, 의견을 교환하기 때문이다.

1장에서도 소개한 바 있지만, 이것은 전국 학력 평가의 '아동·학생 질문지'의 해답 결과에도 나와 있다.

"국어 수업에서 목적에 따라 자료를 읽고, 자신의 생각을 이야기하고, 글로 씁니까?"라는 질문에 초등학생과 중학생 중 70~75퍼센트가 "그렇다", "그런 편이다"라고 대답했는데, 이것은 전국 평균보다 10포인트 높은 수치이다.

또 2007년의 '아동·학생 질문지'에서 "국어 수업 중에 친구와 의논해서 의견을 교환할 때가 많습니까?"라는 질문에 아키타 중학생의 약 60퍼센트가 "많다", "많은 편이다"라고 대답했는데, 이것은 전국 평균에 비해 20포인트 높은 수치이다.

아키타에서는 중학교 국어 수업에서 자신의 생각을 표현하고, 토론하고, 의견 교환을 하는 경우가 많음을 의미한다. 이러한 수업이 질적으로 높은 '독해력'을 키워준다.

이것은 비단 중학교 국어 수업뿐만이 아니다. 아키타 현 내의 초등학교와 중학교를 방문하면 아이들이 다른 교과에서도 적극적으로 의견을 발표하고 교환하는 모습을 볼 수 있다. 이것이 B문제에서의 높은 정답률과 관계가 있다고 생각된다.

자신의 의견을 발표하는 것으로 사고력이 키워진다. 그것이 약간 요점에서 벗어나더라도 상관없다. 그전까지 확실하지 않았던 것이 언어화되는 과정에서 좋고 나쁨이 보이며 정리되기 때문이다. 서로 의견을 이야기하고 토론하는 것으로 사고력이 발전하고, 새로운 생각과 발견도 생겨난다.

아버지나 어머니도 인간관계에서 이러한 경험을 한 적이 있을 것이다. 즉 여럿이 이야기하는 과정에서 처음에는 생각지도 못했던 새로운 발견을 하게 되는 경우 말이다. 이러한 사고력의 발전은 어른들의 세계에서뿐만 아니라 아이들의 세계에서도 일어날 수 있다.

한때 전국의 학교에서는 아이들이 각자의 의견을 말하면 선생님이 "이것도 좋다", "저것도 괜찮다" 하며, 모든 의견을 칭찬해주는 식으로 수업이 진행된 적이 있었다.

그 당시 선생님은 모두의 의견에 칭찬만 할 뿐이었다. 확실히 틀린 경우에도 "그래그래" 하고 긍정해버리곤 했다. 학생들은 자기가 하고 싶은 말만 하는 상태이기 때문에 진정한 의논이나 의견 교환은 당연히 이루어지지 않았다.

신학력관新學力觀이라는 교육의 흐름이 그러한 경향의 수업을 만들어냈을 것이다.

그것은 일시적으로는 수업을 활성화하고 아이들을 만족시킬지 모른다. 그러나 학력을 키우는 데는 전혀 도움이 되지 않을뿐더러 아이들도 금방 싫증을 내게 된다. 많은 발언을 해도 반응이 없기 때문에 결과적으로 무엇을 배웠는지 알 수가 없는 것이다.

아이들이 의견을 내면 "○○○라는 의견에 대해서 나는 어떻게 생각하는가?" "세 가지 의견이 나왔는데, 나는 어떤 것이 가장 설득력이 있다고 생각하는가?" 하고 스스로 검토하도록 하는 것이 중요하다. 그리고 아이들의 의견을 서로 관련지을 필요가 있다. 그렇게 하는 것으로 아이들의 배움이 풍성해지고, 새로운 발견도 생겨나기 때문이다.

이것이 진정한 학력을 키우기 위한 의논, 또는 의견 교환 수업이다. 아키타의 학교가 지향하고 적극적으로 실천하는 것이 바로 이러한 형태의 수업이다.

정답보다는 다양한 답을 독려하라

옛날부터 일본의 학교 교육은 '정답주의' 경향이 강했다.

어딘가에 절대적인 유일한 '정답'이 있고, 그것을 빨리 찾아서 외우는 것이 좋다는 사고방식이다.

그 결과 '정답'을 아는 아이는 발표하지만 자신이 없는 아이는 입을 다물고 있었다. '틀리면 창피하니까' 남이 '정답'을 말해주기를 기다렸다가 그것을 공책에 받아쓴다.

정답주의에서는 "틀려서 창피를 당하기보다는 잠자코 정답을 기다렸다가 그것을 암기하는 것이 이득"이라는 공기가 교실에 충만했기 때문에 그렇게 되는 것이 당연하다.

학력은 도전하고 많은 실수와 시행착오를 겪으면서 키워지는 것이다. 학력뿐만 아니라 새로운 아이디어나 생각을 발견해내는 과정도 마찬가지이다. 잘될지 어떨지 모르지만 우선 한 걸음 내디뎌보자. 그런 도전이 없으면 아무것도 생겨나지 않는다.

전국 학력 평가에서 답을 적지 않고 해답지를 냈던 아이들 중에 "전혀 짐작도 할 수 없었다"고 말한 경우는 의외로 적었다. 어느 정도는 알고 있는데, 그것이 정답인지 아닌지 자신이 없었기 때문에 쓰지 않았다는 아이가 많다.

실제로 B문제는 도전하면 완벽하지는 않아도 어느 정도 대답할 수 있다.

프롤로그에서 소개한 초등학교 국어 B문제의 경우도 그래프를 보고 자신의 의견을 말하면 된다. 가령 이런 식이다.

"독서를 하는 사람이 80퍼센트 정도 되니까, 방법을 생각하면 독서 시간을 늘릴 수 있다고 생각합니다. 선생님에게 소개를 받거나 하면 많은 사람이 오랜 시간 책을 읽을 수 있게 될 거라고 생각합니다. 전혀 독서를 하지 않는 사람이 20퍼센트나 되는 것은 문제입니다. 어쩌면 이 사람들은 만화라면 읽을지도 모릅니다. 이야기를 만화로 만든 것을 소개해서 차례로 책을 읽도록 하면 어떨까요."

이 외에도 다양한 대답을 쓸 수 있다.

참고로, 공표되어 있는 '정답 예'는 "집과 도서관에서 매일 독서를 하지 않는 6학년이 약 20퍼센트나 된다는 것을 알았습니다. 독서 시간을 늘리기 위해서는 집에서의 독서 목적과 계획을 세우거나, 학교와 마을 도서관에서 조사 학습을 하면 된다고 생각합니다"라는 것이었다.

활용형 학력을 키우기 위해서는 우선 아이들에게 만연하는 '정답주의'를 털어내야 한다.

그렇게 하기 위해서는 먼저 가정에서부터 아이를 격려해야 한다. "틀려도 괜찮으니까 자꾸 발표하고 의견을 말해보도록 하렴" 하고 말해준다.

그리고 학교뿐만 아니라 가정에서도 그것을 높이 평가하고 칭찬해주는 분위기를 만들어나가는 것이 앞으로 더욱 중요해질 것이다.

토론과 의견 교환이 독해력을 키운다.

● 스스로 생각하고, 생각한 것을 표현하고, 평가하는 것이 독해력이다.

● 목적에 따라 자료를 읽고, 자신의 생각을 이야기하고, 글로 쓰는 습관을 들인다.

● 자신의 의견을 적극적으로 표현하고 의견을 나누게 하여 사고력을 키워준다.

● 아이들의 의견을 칭찬하거나 무조건 긍정하기보다 무엇이 설득력이 있는지
  스스로 검토하게 한다.

● 정답이 아니어도 되고, 틀려도 좋으니, 자꾸 발표하고 의견을 말해보도록 독려한다.

산수·수학에서도
활용형을 중시한다

★

산수·수학도 언어 실력이 좌우한다 | 저학년부터 과학 도서를 읽히라
산수·수학 시간에도 읽고 쓰고 설명하기

산수 · 수학에서도 활용형을 중시한다

산수·수학도 언어 실력이 좌우한다

산수와 수학에서도 활용형 학력이 요구된다. 종래의 계산력과 기본적인 의미에서의 이해, 연습에 재빠르게 반응할 수 있는 능력뿐만 아니라, 과제에 대해 다각도로 검토하고 비교하고 평가할 수 있는 능력, 즉 그 근거를 제시하면서 자신의 말로 설명할 수 있는 능력이 요구되는 것이다.

이제까지의 산수와 수학에서는 계산에서 수를 조작할 수 있는 아이가 '공부 잘하는 아이'였다. 응용문제에서도 몇 가지 문제 유형을 외워서 식을 만들어 하나의 '정답'을 이끌어내면 그만이었다.

이에 반해 앞으로는 왜 그런 식이 성립하는지, 주어진 정보를 어떻게 취사선택하는지, 왜 그 말에 특히 주의하는지 등을 '말'로 설명할 수 있는 능력이 요구된다. 언어를 논리적으로 이해하고 표현하는 힘이 앞으로는 산수와 수학에서도 중요해질 것이다. 또 여러 가지 설명과 방식을 비교하면서 각각의 특징을 평가할 수 있는 힘도 중시된다.

아버지나 어머니가 보기에는 의외일 수도 있는데, 이것이 앞으로 사회에서 요구하는 새로운 학력이다.

물론 종래의 학력이 전부 부정되는 것은 아니다. 어느 정도 수적 처리 능력이 없으면 답을 이끌어낼 수 없다. 그러나 그것만으로는 '학력'이라고 말할 수 없다.

아버지나 어머니가 어렸을 때 산수와 수학에서는 이러한 처리 능력만을 중시하는 경향이 있었다. 그러나 앞으로는 다르다. 종래의 학력은, 말하자면 산수와 수학의 토대일 뿐이다. 그 토대를 전제로 그것을 어떻게 활용하느냐가 앞으로는 더 중요하다.

그럼 산수와 수학에서 활용형 학력을 키우려면 어떻게 해야 할까? 의외로 지금의 산수와 수학에서 요구되는 것은 언어력, 즉 국어 실력이다. 전국 학력 평가의 초등학교 6학년 산수 B문제를 보면 알 수 있다. 2008년도 문제 가운데 하나를 발췌해서 소개해본다.

아키타 아이들의 특별한 능력으로 꼽을 만한 것이 바로
활용력을 묻는 B문제의 낮은 '무답률'이다.
낮은 무답률은 의견 발표와 토론 및 의견 교환으로
이루어지는 수업 진행 방식의 성과라고 할 수 있다.

히로시가 살고 있는 A마을의 농업 생산액에 대하여 아래의 두 가지 자료를 사용해 조사합니다.

(억 원) **A마을의 농업 생산액**

막대그래프는 농업 생산액을 1970년부터 10년 단위로 나타낸 것입니다.

A마을의 농업 생산액의 종류별 비율

원그래프는 1970년과 2000년의 농업 생산액의 종류별 비율을 나타낸 것입니다.

(1) A마을의 1980년도 농업 생산액은 얼마입니까?
    답을 쓰세요.

(2) 아래와 같이 막대그래프와 원그래프에 나타낸 생산액과 비율에 (가)부터 (차)까지 번호를 매겼습니다.

A마을의 2000년도 채소 생산액을 구하기 위해서는 자료의 (가)에서 (차) 중에 어느 것이 필요할까요? (가)에서 (차) 중에 두 가지를 골라서 그 기호를 쓰세요.

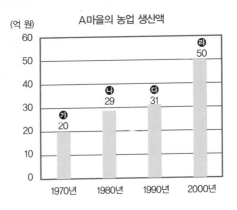

A마을의 농업 생산액

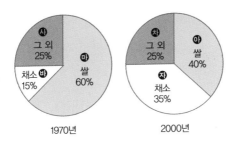

A마을의 농업 생산액의 종류별 비율

(3) 다음은 쌀에 대해 생각해봅시다.

A마을의 1970년도와 2000년도의 쌀 생산액에 대해서 히로시는 다음과 같이 말했습니다.

> 쌀의 비율이 60퍼센트에서 40퍼센트로 줄었으니까 쌀 생산액은 줄었습니다.

히로시

히로시의 말이 맞을까요? '맞다' '틀리다' 가운데 하나에 동그라미를 쳐서 표시하세요. 또 그 이유를 말과 식을 사용해 써보세요.

주목해야 할 것은 (3)이다. '그 이유를 말과 식을 사용해 써보세요'라고 되어 있다. 물론 그래프의 '액수'나 '비율'이라는 단어에 주목하면서 조리 있고 알기 쉽게 설명해야 한다.

단순히 답만 적으면 되는 것이 아니라, 그 이유를 말로 설명하는 능력이 요구된다.

저학년부터 과학 도서를 읽히라

이러한 경향은 신학습 지도 요령 중에도 명시되어 있다.

산수와 수학에서는 '읽기' '쓰기' '설명하기' '분류 정리' '평가' '말, 수, 식, 그림, 표, 그래프를 이용해 생각하고, 설명하고, 서로 자신의 생각을 표현한다'라고 적혀 있다. '이건 국어가 아닐까' 하는 생각이 들 정도이다.

초등학교 2, 3학년 산수에는 '귀납적 사고' '연역적 사고' 같은 말이 나온다. '귀납'은 개별적인 사실이나 예에서 법칙성을 이끌어내는 것이고, '연역'은 원리나 법칙을 실제로 하나하나 사실과 예에 적용해보는 것이다. '덧셈과 뺄셈의 상호 관계를 그림과 식으로 나타내고 설명하는 활동'이라는 서술이 나온다. 즉, 덧셈과 뺄셈의 상호 관계를 그림과 식으로 나타내는 것은 물론이고, 말로 설명하는 능력이 요구되는 것이다.

"나무에 새가 12마리 있습니다. 3마리가 날아갔습니다. 나무에 새는 몇 마리 남았을까요?" 하는 계산은 초등학교 1학년에서 배운다. 지금까지는 "12-3=9, 답은 9마리"라고 대답하면 그것으로 충분했다. 그러나 앞으로는 "왜 뺄셈을 해야 하는가?"라는 물음에 아이들은 "문제에 '날아갔습니다'라고 쓰여 있기 때문"이라고 답할 수 있어야 한다.

또, 초등학교 6학년에 나오는 분수 나눗셈에서는 오른쪽의 예처럼 나누는 수, 즉 나누는 쪽의(오른쪽에 오는) 분수는 분모와 분자

$$\frac{2}{5} \div \frac{3}{4} = \frac{2 \times 4}{5 \times 3}$$
$$= \frac{8}{15}$$

를 바꾸어서 곱한다는 것을 학습하는데, 그 이유를 이해하고 알기 쉽게 설명하는 것은 이제까지 요구되지 않았다.

'분수의 나눗셈은 나누는 쪽의 분자와 분모를 바꾸어서 곱한다' 만을 기억해서 그런 유형의 수식이 나오면 기계적으로 적용하여 정답을 내면 충분했지만, 앞으로는 왜 '분자와 분모를 바꾸어서 곱하는가'를 제대로 이해하고 그것을 말로 설명할 수 있는 힘이 요구된다.

이러한 언어 능력은 가정에서도 키울 수 있다.

예를 들면 독서이다. 산수와 수학 실력을 키우는 데 도움이 되는 것은 과학 도서이다. 초등학교 저학년 때부터 그런 종류의 책을 읽는 습관을 가지면 아이의 산수와 수학 실력을 키우는 데 도움이 된다.

또 아이와 같이 교과서를 읽는 것도 좋다.

9장에서도 말한 바 있지만, 요즘 교과서는 새로운 방식으로 잘 꾸며져 있어서 책처럼 읽을 수 있다. 아버지나 어머니 시대의 교과서에는 세심하게 실려 있지 않았던 내용도 많이 다루고 있어서 '좋아졌다'는 느낌이 든다. 그러므

로 아이를 위해서뿐만 아니라 부모도 다시 배울 수 있는 기회가 될 것이다.

산수·수학 시간에도 읽고 쓰고 설명하기

아키타 현의 한 초등학교에서 있었던 일이다. 6학년 수학 수업에서 다음과 같은 분수의 곱셈 문제를 다루고 있었다.

> $1dl$로 $\frac{4}{5}$㎡의 벽을 칠할 수 있는 페인트가 있습니다.
> 이 페인트의 $\frac{2}{3}dl$로는 몇 ㎡의 벽을 칠할 수 있을까요?

아이들은 '$\frac{4}{5} \times \frac{2}{3} =$'의 식을 만들어 분모와 분모, 분자와 분자를 곱해 답을 이끌어낸다는 것은 알고 있다. 그러나 선생님의 지도는 거기서 끝나지 않았다.

선생님은 "왜 분모와 분모, 분자와 분자를 곱하면 답이 나올까요?" 하고 그 계산식의 설명을 아이들에게 물었다.

아이들은 우선 각자 생각한다. 그림을 사용해서 설명하려는 아이도 있고, 수의 직선을 사용해서 설명하려는 아이도 있었다. 그 외에 면적과 수의 직선 양쪽을 사용해서 설명하는 아이와, 수식만으로 설명할 수 없을지 곰곰이 생각하는 아이도 있었다.

대부분의 아이들이 나름대로 설명할 수 있게 된 단계에서, 이번에는 그룹으로 나누어 토론을 한다. 면적으로 생각한 아이는 수의 직선으로 생각한 아이에게 자신의 생각을 설명하고, 설명을 들은 아이는 모르는 점을 질문하는 등 활발하게 의견 교환이 이루어진다.

그리고 의견이 정리되면 각 그룹의 대표가 학급 전체 아이들에게 그림을 사용해서 설명한다. 아이들은 각 그룹의 설명을 비교, 검토해서 각 설명의 장점을 지적한다. 그리고 마지막으로 선생님이 각각의 설명을 구체적으로 평가하는 것으로 수업은 끝난다.

$$\frac{4}{5} \times \frac{2}{3} = \frac{8}{15}$$

이것은 언어(말)에 의해 의미를 부여하는 수학 학습의 예이다.

지금까지 나는 아키타 현 내의 산수·수학 수업을 많이 참관해왔는데, 이러한 방식으로 대부분의 수업이 진행된다. 선생님이 일방적으로 설명하고 문제 연습을 시키는 수업을 찾아보는 것이 오히려 어려울 정도이다.

산수와 수학에서조차도 이렇게 아이들이 스스로 생각하고, 의논하고, 설명하는 수업 방식이 아키타의 학력을 만든 것이라고 해도 과언이 아니다.

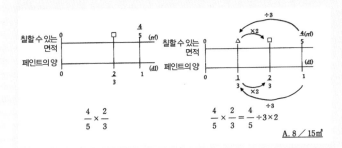

$$\frac{4}{5} \times \frac{2}{3}$$

$$\frac{4}{5} \times \frac{2}{3} = \frac{4}{5 \div 3 \times 2}$$

A. 8 ／ 15㎡

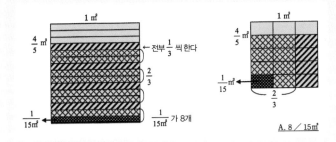

A. 8 ／ 15㎡

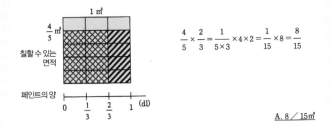

$$\frac{4}{5} \times \frac{2}{3} = \frac{1}{5 \times 3} \times 4 \times 2 = \frac{1}{15} \times 8 = \frac{8}{15}$$

A. 8 ／ 15㎡

분수×분수에 대한 설명의 예
(아키타 대학 교육문화학부 부속 초등학교 이나이 선생 제공)

| 요약 | **아키타의 학력을 키우는 힘 11** 언어 실력

앞으로 산수와 수학 능력은 언어 실력이 좌우한다.

● 산수와 수학에서도 단순히 답만 적지 않고 그 이유를 설명하도록 요구한다.

● 산수와 수학 실력을 키우려면 과학 도서를 어릴 때부터 읽히라.

● 산수와 수학을 공부할 때도 왜?라는 질문을 던지고 그에 대한 의견을 이끌어낸다.

12
장

지역 행사에 참여해
'함께하는 힘'을 키우라

★

소통 능력은 학력과 관계가 깊다 | 다양한 지역 행사와 봉사 활동에 참여시키라
의사 소통 능력을 키우라

지역 행사에 참여해 '함께하는 힘, 을 키우라

소통 능력은 학력과 관계가 깊다

요즘 아이들은 집단놀이를 거의 하지 않는다. 20, 30년 전만 해도 쉬는 시간이 되면 반 아이들 모두가 운동장에 나가서 피구를 하거나 술래잡기를 했다. 방과 후에도 동네 친구들끼리 말타기와 깡통 차기를 하곤 했다.

그런데 지금은 쉬는 시간에도 반 전체가 놀이를 하는 광경은 찾아볼 수가 없다. 그 대신 두세 명, 많으면 네다섯 명 정도의 소그룹으로 행동하는 경향이 있다.

방과 후에도 집에서 게임을 하거나, 두세 명이 친구 집에 모여서 노는 경우가 많다. 학원을 순례하느라 놀이는 꿈도 꾸지 못하는 아이도 있다.

물론 모든 아이들이 다 그런 것은 아니다. 상대적으로 그런 경향이 심해졌다는 말이다. 아키타도 예외는 아니다. 특히 도시 쪽은 이전에 비해 그런 경향이 더 강하다.

여럿이 행동함으로써 자신도 모르는 사이에 집단 내에서 어떻게 관계를 형성하고, 어떻게 유지해야 하는지를 알 수 있다. 이것은 '함께하는 힘'이라고 할 수 있는데, 커뮤니케이션 능력과도 관계가 깊다. 큰 집단으로 이루어지는 놀이가 줄었다는 것은, 다시 말해서 그런 능력을 키울 수 없게 되었다는 뜻이다.

집단놀이의 감소로 인한 부작용은 그뿐만이 아니다.

원래 사람은 다양한 사람들과 관계를 가짐으로써 자신을 제대로 볼 수 있게 되고, 자신만의 특징을 만들어나간다. 다양한 사람들과의 관계를 통해 인간이 인간다울 수 있는 것이다. 집단으로 행동하지 않으면 자기 형성도 어려워진다.

그러므로 집단놀이가 사라진 것은 생각보다 큰 문제를 야기시킨다.

'함께하는 힘'은 학력을 키우는 데 중요한 요소이다.

많은 사람이 공부는 혼자 하는 것이라고 생각한다. 물론 혼자서 열심히 하는 것도 중요하다.

그러나 집단으로 배우는 요소도 무시할 수 없다.

아키타에서는 아이들끼리 의논하는 수업이 많다고 했는데, 이것도 집단으로 배우는 것이라고 할 수 있다. 집단으로 배움으로써 그 내용은 풍요로워진다. 다양한 사고방식이 서로 부딪치며 시행착오를 겪는 과정에서 새로운 발견들이 이루어진다.

그때도 역시 함께하는 능력이 큰 의미를 갖는다. 서로 잘 아는 친구끼리는 어렵지 않게 의논과 의견 교환을 할 수 있다. 그러나 중요한 것은 그런 특정 친구와의 관계가 아니다. 반의 누구와도, 물론 이성 친구와도 구애받지 않고 서로의 의견을 말하며, 의문을 가지고 토론할 수 있어야 한다.

요즘 아이들은 이러한 집단적인 활동 속에서 더욱 필요한 함께하는 힘을 잃어버렸다. 그런 힘이 없으면 학력을 키우고 새로운 문화를 창조해내기 어렵다.

따라서 우리는 아이들에게 그런 능력부터 회복시켜주어야 한다.

다양한 지역 행사와 봉사 활동에 참여시키라

그렇게 하기 위해서는 아이들이 다양한 사람들과 만날 수 있는 자리를 만들어주어야 한다.

그러므로 지역 행사나 봉사 활동 등 아이와 함께 여러 자리에 참가하도록 한다. 그런 곳에서 남녀노소를 불문하고 다양한 사람들과 만나서 교제할 수 있도록 하는 것이다. 또 스포츠 소년단이나 클럽 활동에 참가시켜서 다른 연령의 사람, 다른 학교의 아이들과 교제하는 것도 중요하다.

전국 학력 평가의 '아동·학생 질문지'에 "지금 살고 있는 지역의 행사에 참가합니까?"라는 물음에 대해 "그렇다", "그런 편이다"라고 대답한 아키타의 아이들은 초등학생과 중학생 모두 전국 평균보다 10∼15포인트가 높았다. 실제로 아키타의 아이들은 축제를 비롯해 지역 행사에 적극적으로 참가한다.

아키타에는 한 해 농사를 수확하기 전에 단합을 다지는, 전국적으로 유명한 간토竿燈 축제가 있다. 8월 초 저녁 시간에 이루어지는 대규모 행사로서, 10미터가 넘는 대나무 막대에 50개 가까운 등불을 단 대나무를 손뿐 아니라 어깨와 허리, 이마 등에 올리고 중심을 잡는 묘기를 선보인다. 여름밤에 수많은 등불이 춤을 추는 광경은 환상적이기까지 하다.

그 축제에는 많은 아이들이 참가한다. 아이는 커다란 대나무 등불을 들 수 없기 때문에 대, 중, 소, 유아용 등 네 종류의 어린이용 대나무 등불이 준비되어 있다. 그리고 지역 어른들의 지도로 한 달 전부터 대나무 막대를 세우는 연습을 한다. 마찬가지로 북과 피리를 담당하는 아이들의 연습도 한 달 전부터 시작된다.

그러한 과정에서 아이들은 많은 사람과 만나게 된다.

같은 학교 친구, 상급생, 하급생과는 다른 만남을 가질 수 있다.

그리고 평소에는 거의 만날 수 없는 아저씨와 아주머니들도 알게 된다. 축제 준비나 축제 당일, 축제의 뒷정리를 하는 과정에서 일의 순서를 배우고, 칭찬과 꾸중을 듣고, 재미있는 이야기도 들으면서, 부모가 아닌 어른들과 관계를 가지게 된다. 그런 비일상적인 공간에서 아이는 많은 것을 배운다.

이러한 만남의 장은 아이들뿐 아니라 아버지와 어머니에게도 다른 학부모들과의 관계를 넓힐 수 있는 절호의 기회가 된다. 그것은 자녀 교육에 큰 도움이 될 뿐만 아니라, 가정, 지역, 학교의 연계를 만들어내는 계기가 되기도 한다.

다른 사람과의 만남의 자리는 단순히 공부에서 해방되는 기분 전환의 자리가 아니다. 아이들에게는 풍부한 '배움의 자리'가 되는 것이다.

의사 소통 능력을 키우라

'함께하는 힘'에 대해서 한 가지 더 말해두고 싶은 것이 있다. 이 능력은 단순히 다른 사람과 사이좋게 지내거나 사람을 잘 사귀는, 그런 수준의 것이 절대 아니라는 사실이다.

물론 사람을 잘 사귀고 사이좋게 지내는 것은 중요하다. 그것이 커뮤니케이션의 기본이기 때문이다. 그러나 늘 모든 사람과 똑같이 친밀하고 사이좋을 필요는 없다.

"차별하지 말고 모든 친구와 친하게 지내야 한다"는 부모의 말은 중요하지만, 실제로 모두와 똑같이 친해지기란 쉽지 않다. 다양한 사람과 다양한 형태의 관계를 쌓으면 그것으로 충분하다.

서로 잘 아는 친한 친구도 있고, 가볍게 이야기할 만한 친구도 있다. 가끔 말하는 정도이지만, 필요할 때는 같이 활동할 수 있는 친구도 있을 것이다. 그렇게 각각 나름의 거리를 가지면 된다.

이 전제하에서 다양한 관계의 사람들과 한 단계 더 친밀해지는 것이 중요하다. 즉 서로 다른 의견을 내놓고, 거기서 토론할 수 있는 힘을 키워가는 것이다. 이것이 진정한 의미의 커뮤니케이션 기술이라고 할 수 있다.

아이들은 대개 "내 친구야", "내 친구가 아니야"라는 이

분법으로 주위를 판단한다. 그러나 다양한 거리를 가지면서 다양한 관계를 만들어내는 것이 중요하다. 필요하다면 어떤 사람들과도 같이 활동하면서 협력 관계를 만들 수 있고, 의논하고 의견을 교환할 수 있는 능력이 중요하다.

이러한 힘은 부모가 아이를 다양한 자리에 참가시키는 것으로 단련된다. 또, 활용형 수업에서의 토론과 의견 교환을 통해서도 배울 수 있다. 그런 식으로 함께하는 힘을 자기 것으로 만든다면, 어른이 되어 사회에 나가서도 큰 힘이 될 것이다.

| 요약 | 아키타의 학력을 키우는 힘 12 집단 활동

함께하는 가운데 관계 형성과 소통 능력을 키운다.

- 집단 놀이를 통해 관계 형성의 방법과 커뮤니케이션 능력을 키운다.
- 집단 활동을 통해 함께하는 힘을 키우도록 유도한다.
- 지역 행사나 봉사 활동 등 다양한 사람들과 만날 수 있는 자리에 참여한다.
- 다양한 사람들과 친해지는 방식을 배우도록 한다.

가정, 지역, 학교의 연계가
학력의 원천

가정과 학교 사이의 벽을 허물라

아키타의 아이들이 전국 학력 평가에서 2년 연속 전국 최고라는 좋은 결과를 얻은 것은, 아키타의 교육에 관련된 일을 하는 사람으로서 매우 기쁜 일이 아닐 수 없다. 이 결과는 가정, 지역, 학교가 밀접하게 연계되어 있기 때문이었다.

그러나 아키타의 교육이 앞으로도 이런 좋은 결과를 낼 것이라고 단정할 수는 없다. 그러므로 그것을 해결하기 위해서 노력해야 할 과제가 적지 않다.

내가 지금 가장 걱정하고 우려하는 것은 학교 통폐합에 대한 움직임이다. 아키타에서도 실제로 여러 지역에서 학교 통폐합이 이루어졌다. 특히 소규모 학교를 통합하는 움직임이 활발히 일고 있다. 거기에는 재정상의 이유도 있지만, 교육상의 이유로 "소규모 학교는 좋지 않다"고 주장하는 사람들이 있다.

통폐합의 문제점으로 지적할 수 있는 것은, 먼저 학교의 지역성이 약해진다는 것이다.

통폐합이 진행되면 통학 구역이 광범위해진다. 그러면 학부모가 학교 일에 참석하기 어려워지고, 선생님도 아이들의 가정과 접할 기회가 줄어든다. 학교와 집이 가까울 경우, 아이가 2, 3일 결석이라도 하면 "감기라고 들었는데 괜찮나요?" 하고 선생님이 가정방문을 하여 아이의 얼굴을 볼 수 있다. 그런데 거리가 멀어지면 마음은 있어도 그렇게 하기가 쉽지 않다.

학교와 집의 거리가 멀어지면 물리적인 거리뿐만 아니라 마음의 거리도 멀어지기 때문이다.

또 학교가 통폐합되면 많은 아이들이 스쿨버스로 통학하게 된다. 그것도 지역과의 연계를 잃게 만드는 요인이 될 수 있다. 걸어다니면 도중에 만나는 동네 어른들로부터 "많이 컸구나" 하는 이야기도 들을 수 있고, "그런 곳에는 들어가면 안 돼" 하고 혼나는 일도 경험하게 된다.

지역 어른들이 "최근에 이런 일이 있었어요" 하며 학교에 정보를 전해주기도 한다. 그럼으로써 지역이 함께 아이들을 키워나가는 셈이 되는 것이다.

학교의 규모가 커지면 아이들 하나하나에 선생님의 눈이 미치지 못할 가능성이 높다. 학력 평가의 측면에서도 아키타에서는 소규모 학교가 높은 정답률을 보였다. 통폐합으로 지역성을 잃으면 이러한 이중, 삼중의 장점을 잃게 된다.

지역 사회의 중심은 학교다

학교가 있으면 그곳에 지역 사람들이 모인다. 때로는 학교가 지역을 잇는 축이 되기도 한다. 학교에 행사가 있으면 부모와 지역 어른들이 참가한다. 그리고 같이 일을 하면서 어른들도 관계를 형성한다. 학교가 지역의 만남을 촉진하는 역할을 맡고 있는 것이다.

또, 학교가 있음으로써 그곳 출신의 젊은 아버지와 어머니를 그 지역에 묶어둘 수 있다. 통폐합이 진행되면 그곳에 살면서 아이를 스쿨버스로 통학시키기보다는 학교 근처로 이사를 가는 선택을 하게 된다. 가족이 태어나고 자란 지역을 떠나는 것은 충분히 가능한 일이다.

그렇게 되면 지역에 사람이 없어지고, 결국 지역의 힘은 제 기능을 잃게 된다. 경제 원리로는 통폐합이 합리적일 것 같지만, 실제로는 잃는 것이 적지 않다. 그것을 정확히 인식하지 않으면 이후에 문제가 생겨도 손쓸 방법이 없다.

30명 학급을 실현하다

아키타를 포함해 전체적으로 해결해야 할 과제도 있다.

한 학급의 학생 수를 줄여서 교사의 복잡한 업무를 해소하는 것이다. 현재 국가가 정하고 있는 40명 학급에서 30명 학급으로 조정하면, 학력 문제를 포함하여 현대 교육의 어려운 문제들이 상당 부분 개선될 것이다.

30명 학급이란 한 학급의 학생 수가 30명을 넘지 않도록 하는 것이다. 현재 한 학급의 평균 학생 수는 초등학교 28.3명, 중학교 33.3명이다. 얼핏 보면 적은 것 같지만, 사실 경제협력개발기구OECD 나라들 가운데 끝에서 두 번째로 많다.

이것은 평균이므로, 사실상 40명 가까운 학급이 초등학교와 중학교에 상당수 있음을 의미한다.

예를 들어 프랑스, 독일, 영국, 미국의 한 학급의 학생 수는 많아도 30명이다. 그래서 OECD 평균은 초등학교 21.5명, 중학교 24명이다.

한 학급의 학생 수가 지금보다 줄어들면 수업 수준이 높아지고, 보충수업과 개별 지도도 수월해진다. 물론 학급과 학년 경영, 생활 지도의 질도 크게 향상될 것이다.

특히 아이들의 학력으로 많은 과제를 안고 있는 학교에서는 교사를 보다 많이 배치하고, 사무 담당 직원도 증원해야 한다.

나는 교사들의 자질이나 능력이 세계적으로 매우 높다고 생각한다. 그러나 혼자 감당해야 할 일들이 너무나 많아서 그런 힘을 충분히 발휘하지 못한다.

물론 30명 학급으로 하고, 교사의 수를 늘리고, 사무직원을 고용하면 비용이 든다. 그러나 국가를 비롯해 공공기관이 교육에 지출하는 돈이 국민총생산액GDP에서 차지하는 비율은 OECD 가운데 최하위이다.

비록 비용이 들지만 다른 부분의 예산을 삭감해서라도 개선하지 않으면 안 될 과제이다.

'교육은 백년지대계'라고 한다. 교육이 국가의 장래를 결정한다. 어려워도 지금 이런 문제들을 개선하지 않으면 미래는 밝다고 할 수 없다.

학부모들도 30명 학급의 실현과 교사의 복잡한 업무 해소를 위해서 교육 개선을 요구했으면 하는 바람이다.

아키타라서 가능한 것은 아니다

지금까지 아키타의 교육을 소개하면서 가정, 지역, 학교가 아이들의 학력을 보장하기 위해서 무엇을 해야 하는지 생각해보았다.

아키타 현은 평균 소득이 낮아서 경제적으로는 건강하다고 할 수 없다. 현의 인구도 조금씩 감소하고 있는 추세이다. 거기에 비해 가정, 지역, 그리고 학교 선생님의 교육력은 건강하다고 할 수 있다.

학교 통폐합에 대한 과세, 한 학급의 학생 수에 대한 과제가 남아 있지만, 현재 아키타의 교육력은 매우 건강하다.

그것이 수업에 대한 아이들의 적극적인 자세, 가정학습의 습관화, 적극적인 의견 발표와 토론을 중시하는 수업, 예의 바른 생활 습관으로 이어진다고 생각한다.

그것들이 숫자로 나타난 것이 전국 학력 평가 2년 연속 최고라는 결과이다. 물론 학력 평가로 측정할 수 있는 것은 아이들이 가진 능력의 일부이다. 그래도 이러한 성과를 남긴 데는 나름대로 긍정적인 이유가 있다고 본다.

그리고 그것은 아키타여서 가능한 것이 아니다. 가정, 지역, 학교가 힘을 합하면 어느 지역에서나 실현될 수 있다. "아키타와 도시는 다르다"고 무시하지 말고 아키타의 장점을 도시에서도 활용하기를 바란다.

지역 공동체는 대도시일수록 만들기 어렵다. 이웃에 이사 온 사람이 누군지도 모른다. 마주쳐도 인사조차 하지 않는다. 언제부터인지 그런 일이 당연시되었다.

그렇다면 공동체를 만드는 노력을 하면 된다.

다양한 방법으로 교육 개혁을 시도해서 관심을 모은 도쿄 스기나미 구의 와다 중학교는 토요일 보충수업과 학원 강사 초빙 과외 등을 실시하고 있는데, 토요일 보충수업은 학부모와 지역 봉사자의 힘으로 이루어지고 있다. 사실 이 학교가 가정이나 지역과의 관계를 정착시키는 데에는 후지하라 가즈히 교장선생의 인맥이 큰 역할을 했다. 그런 한편으로 지역 사람들을 학교에 초대해서 특별 강연을 하고, 다양한 기획을 부탁하는 등 가정, 지역, 학교의 연계를 강화한 것이 더 주효했다고 본다.

다양한 시스템을 만들어서 가정, 지역, 학교의 고리를 강화하는 것은 지금까지 공립학교의 관례에서 보면 결코 쉬운 일이 아니다. 그러나 학교가 핵의 하나로서 공동체를 재생하는 것은 불가능한 일이 아니다.

2008년 12월 아키타에서 '학력 향상 주민 포럼'이 열렸는데, 내가 패널 토론의 진행을 맡게 되었다.

그날 참가했던 패널 가운데 전 아키타 공립미술공예 단

기대학 학장이며 문필가인 이시카와 요시미 선생의 말은 매우 인상적이었다. 이시카와 선생은 아키타가 전국 학력 평가에서 2년 연속 최고라는 결과를 얻은 것에 대해 "아키타 현은 헌법을 매우 충실히 지키고 있기"때문이라고 했다.

헌법 제26조에는 '교육받을 권리'에 대해 다음과 같이 쓰여 있다.

모든 국민은 법률이 정한 대로 그 능력에 맞게 똑같이 교육받을 권리가 있다.
모든 국민은 법률이 정한 대로 보호하는 자녀에게 보통 교육을 받게 할 의무가 있다. 의무교육은 이것을 무상으로 한다.

'교육받을 권리'란 단순히 학교에만 다닐 수 있는 권리를 말하는 것이 아니다. 학교에 다니며 수업을 통해 학력을 쌓고, 교과 외의 활동으로 풍부한 생활 방식을 익히는 것이 보장되는 것이라고 생각한다.

그렇게 생각하면 유감스럽지만, 현재 일본에서는 교육을 받을 권리가 충분히 보장되어 있다고 볼 수 없다. 일본의 어디에서 태어나 어떤 가정에서 자라고, 어느 학교, 어느 학급에 들어가든 확실한 학력과 풍부한 생활 방식을 보장 받는 상태를 만들어나갈 필요가 있다.

나는 아키타의 교육이 일본 교육에 문제 제기를 할 수 있을지도 모른다고 생각해서 이 책을 집필했다. 전국의 학부모와 교사들이 이 책을 읽고 함께 생각하며 고민하는 기회를 가졌으면 한다.

전국 학력 평가에 대해서는 찬반양론이 있다. 모든 학교, 모든 아이들을 대상으로 하는 '일제 조사'에 대한 시비와 서열화, 학력관의 강요라는 우려도 있다. 이러한 논쟁에도 불구하고, 아키타 교육의 좋은 점을 알리는 것 자체는 나쁘지 않다고 생각한다.

아키타 아이들의 생활을 소개하면서 보다 바람직한 학습과 생활 습관에 대해 알아보았다. 이 책이 모든 아이들의 학력을 높이는 데 도움이 되고, 일본의 교육에 대해서도 다시 한 번 생각할 수 있는 계기가 되기를 바란다.

이 책이 나오기까지 아키타 현의 많은 분들에게 도움을 받았다. 많은 초등학교와 중학교, 고등학교 선생님들을 비롯하여 교육위원회 선생님들, 아키타 대학 교육문화학부 부속 초등학교와 중학교 선생님들, 그리고 학부모님들께 이 자리를 빌려 감사의 말씀을 드린다.

또, 책의 기획과 편집을 맡아준 출판사 관계자들에게도 감사의 말을 전한다.

★ 전국 학력·학습 상황 조사의 아키타 현의 결과(수치)에 대해서는 2008년과 2009년도 자료를 사용했다. 2년에 걸쳐 거의 같은 수치였기 때문에 본문에서는 그 구별을 특별히 표시하지 않았다. 또 전국 학력 평가의 질문 항목에 대해서는 평서문을 높임말로 하는 등 일부 표현을 변경했다.

행복한 동화

소담스레 내려앉은 흰 눈으로 동화 속 세상이 된 산골 마을. 이른 아침 등굣길, 볼이 발간 소녀가 단정한 장화 자국을 만들어내며 바삭거리는 눈 길을 걸어간다. 뿜어져 나오는 입 안의 따뜻한 공기가 희망차다.

우리가 만난 일본 아키타 현 히가시나루세 초등학교 3학년 사사키 카나는 달콤한 꿈을 간직한 소녀였다. 이른 새벽 스스로 일어나 학교 갈 채비를 마치고, 어머니를 도와 아침 식사 준비를 하고 있던 카나는 어느새 초시계를 꺼내어 신나게 산수 문제를 풀고 있었다. 궁금한 마음에 열어본 카나의 정돈된 책가방 속에는 백 점짜리 답안지가 수두룩했다.

앙증맞도록 오동통한 손으로 매일 아침 향긋한 빵을 구워 내는 케이크 가게 주인이 되는 상상은 어린 카나가 즐거운 마음으로 스스로 공부할 수 있는 원동력이었다.

그런데 새하얀 눈의 고장 아키타 현만큼이나 흰 도화지에 스스로의 미래를 그릴 줄 아는 아이는 카나뿐만이 아니었다. 아이들은 누가 시키지 않아도 아침 일찍 일어났고, 어려서부터 집안일을 거들었으며, 즐겁게 학교 공부를 하고 자율적으로 예습과 복습을 습관화했다. 그리고 2007년, 아키타의 아이들은 43년 만에 부활한 전국 학력 평기에서 교육열이 높고 사교육이 발달된 도쿄와 같은 대도시를 제치고 월등한 점수 차이로 전국 학력 평가 1위를 차지하는 쾌거를 이루게 된다.

이 책의 저자는 1997년부터, 교육을 지역의 최우선 과제로 삼고 적극적인 교육 정책을 내놓았던 아키타 현이 학원도 적고 경제력도 없는 열악한 환경에도 불구하고 대도시 사교육을 이기고 기적의 주인공이 된 비결을 분석한다. 그 중심에는 아이들에게 '스스로 살아가는 방법'을 가르치고 '단 한 명의 낙오자 없이 끝까지 책임지는' 아키타 공교육이 있다. 지역, 학부모, 학교가 모두 노력해 부모라면 누구나 바라는, 비전이 명확하고 똑똑하면서도 인간미 넘치는 아이들을 키워낸 것이다.

안쓰럽도록 바쁜 우리 아이들. 그런데도 불구하고 내 아이를 과도한 입시 경쟁에 내몰 수밖에 없다고 한탄하는 모든 부모들에게 《기적의 아키타 공부법》은 교육의 기본에 충실하고 정직한 꿈을 이루어가는 소박한 행복이 그 어떤 동화 속 주인공보다 우리 아이들을 '해피 엔딩'의 주인공으로 만들어준다는 사실을 다시 한 번 깨닫게 해줄 것이다.

2009년 8월
강범석
(SBS스페셜 〈아키타 산골학교의 기적〉 담당 PD)

우리는 아이들에게

눈을 뜨고 꿈을 꾸는 방법을

가르쳐야 한다.

아빠의 마음 습관

마음 습관 1 | 사랑

자녀들은 어떤 조건에서 사랑을 느낄까?

자녀를 사랑하지 않는다고 생각하는 부모가 있을까? 세상의 모든 부모는 자녀를 깊이 사랑하고 잘되기를 진심으로 바랄 것이다. 그런데 문제는 그런 아빠의 마음을 자녀가 느끼지 못할 수도 있다는 사실이다. 이 대목에서 아빠들의 마음 습관이 모든 상황을 바꾸어놓는다. 자식을 더없이 사랑하는 부모의 마음을 몰라주는 섭섭함을 자녀 탓으로 돌리면, 억울하다는 생각이 순식간에 커진다. 철없는 자녀의 어정쩡한 반응에 화가 치밀기도 한다. 고생고생 해가며 얼마나 힘들게 키웠는데……. 그런데 만일 이때 화살을 자신에게 돌린다면, 달리 생각하게 되지 않을까? 왜 저 녀석이 이토록 사랑하는 내 마음을 모르는 걸까? 어떻게 해야 내 사랑을 잘 전할 수 있을까?

부모로서 자식을 사랑하는 마음은 분명 간절하다. 그런데 그 마음을 자식이 몰라줄 경우 자녀의 철없음을 탓할 수도 있지만, 다른 한편으로는 그런 마음을 제대로 전달하지 못한 자신의 탓일 수도 있다는 말이다. '자식은 부모의 마음을 모른다'는 관습적인 편견에 젖어 있는 것이 아빠들 대부분의 마음 습관이다. 하지만 처음 연애를 시작할 때 사랑하는 사람의 마음을 얻기 위해 노력하듯이, 아빠들에게는 또 다른 마음 습관이 있다. 이제부터 그렇게 처음에 가졌던 마음 습관으로 살짝 옮기기만 하면 되는 것이다.

마음 습관 2 부담

자녀들은 언제 의욕을 느낄까?

자녀가 훌륭하게 성장하기를 바라지 않는 부모는 없다. 문제는 그런 만큼 자녀에게 거는 기대도 매우 크다는 것이다. 그래서 기회가 있을 때마다 자녀에게 '기대'하는 마음을 전해 자극을 주고 싶어한다. 하지만 그런 방법이 오히려 역효과를 내는 경우도 많다. 이때도 아빠들의 마음 습관이 전혀 다른 결과를 빚어낸다. 자녀 잘되라고 하는 소리라는 이유를 내세운다면, 끊임없이 잔소리를 할 수밖에 없다. 그러나 반대로 자신의 문제로 생각한다면, 자녀에게 너무 부담을 주는 것은 아닌가 하는 반성을 할 수도 있을 것이다.

자녀가 생산적인 일에 의욕을 보이며 반듯하게 성장하도록 도우려면, 자녀에게 어떻게 해주는 것이 좋을까?

부모들은 자녀가 열심히 공부해서 훌륭한 사람이 되기를 바란다. 그런데 자녀들은 그런 부모의 마음은 모른 채 게임이나 만화책에만 매달리는 것 같다. 이런 자녀를 탓할 수도 있지만, 자신의 마음을 효과적으로 전달하지 못한 부모 자신을 돌아볼 필요가 있다는 말이다. 자녀로서 부모의 기대를 저버려서는 안 된다고 생각하는 마음 습관은 때때로 부담으로 작용해, 역효과를 내곤 한다. 하지만 '잘하라'는 요구 대신 '잘할 것이다'라는 신뢰와 격려를 담은 마음 습관을 갖는다면, 자녀들은 부담에서 벗어나 어떤 일을 하든 의욕을 느낄 것이다.

자녀들은 언제 부모의 뜻을 따르고 싶을까?

자녀의 미래를 걱정하지 않는 부모가 얼마나 있을까? 그런데 너무도 당연한 부모들의 자식 걱정이 예기치 않은 문제를 일으키기도 한다. 자식을 타이르고 일깨우는 것 또한 부모의 역할 가운데 하나다. 하지만 아빠들이 마음을 어떻게 쓰느냐에 따라 의도한 바와는 전혀 다른 결과를 만들기도 한다. 자녀가 잘 따라주지 않는 듯해 자녀 탓이라고 몰아붙이면, 잘못을 지적해도 좀처럼 고치지 않는다. 그럴 경우 부모는 자녀가 걱정스럽고 불안하기까지 하다. 잘못을 지적하고 훈계하는 것만이 능사가 아니라는 사실을 인정하고, 자신에게 방법적인 문제는 없는지 돌아볼 때 비로소 관계를 회복할 수 있지 않을까?

자녀가 아무런 문제없이 훌륭하게 잘 커주기를 소망하지만, 그런 자녀가 잘못을 해도 외면할 수 없는 것이 부모의 마음이다. 그런 깊은 속도 헤아리지 못하고 여전히 부모를 불안하게 만드는 자녀가 원망스러울 수도 있다. 하지만 이때도 아빠는 자녀와 진정한 대화를 나누지 못하는 자신을 탓해야 한다. 자녀라면 부모가 잘못을 지적할 때 당연히 고치려고 노력해야 하지만, 지적과 훈계가 거듭되면 오히려 반발할 수도 있다. 잘못이 눈에 띄면 습관적으로 터져나오는 훈계에서 벗어나, 자녀의 생각과 마음을 이해하기 위해 경청하는 방향으로 마음 습관을 옮겨야 한다.

마음 습관 4 모범

자녀들은 부모에게서 무엇을 배울까?

자녀에게 나쁜 영향을 미치고 싶은 부모는 세상 어디에도 없다. 하지만 자녀를 위해 노력하고 헌신한다고 생각하는 부모 자신의 당연한 판단이 문제가 되기도 한다. 왜냐하면 똑같은 상황이라도 자녀는 부모의 판단과는 전혀 다른 생각을 할 수 있기 때문이다. 이때 습관처럼 굳어버린 아빠의 역할에 대한 생각을 조금만 바꾼다면, 아마 상황은 많이 달라질 것이다. 부족할 것 없는 조건을 갖추어주었는데도 열심히 공부하지 않는 자녀를 탓하기보다는, 정말 자녀가 원하는 조건을 만들어주었는지 다시 한 번 살펴보는 마음 습관이 중요하다. 혹시 아빠인 내가 미처 헤아리지 못한 것은 없는지…….

열심히 공부하기를 바라는 부모의 바람은 무시한 채, 자기가 하고 싶은 것만 하는 자녀를 탓할 수도 있다. 하지만 자녀를 그렇게 만든 부모 자신의 책임은 없는지 살펴보아야 한다. 자녀라면 부모의 고생과 희생에 보답하기 위해서라도 열심히 공부해야 한다는 습관적인 생각에서 벗어나야 한다. '윗물이 맑아야 아랫물이 맑다.'는 속담이 있듯이, 아빠의 평소 행동이 자녀에게 중요한 영향을 미친다는 사실을 잊지 말자. 말로 지시하는 것이 아니라 행동으로 모범을 보이는 마음 습관을 길러야 한다.

엄마의 마음 습관

마음 습관1 화내지 않고 대처하기

엄마는 자녀의 행동이 마음에 들지 않을 때 곧잘 화를 낸다. 특히 엄마의 감정이 격해지기 쉬운 때가 바로 자녀의 성적표를 받아 들었을 때가 아닐까. 쌓였던 온갖 감정이 터져 나오며 이런저런 말들을 쏟아붓게 된다. 그러나 정말 화가 많이 났다면, 그 순간에는 말을 하지 않는 것이 좋다. 단순한 언어가 아니라 시한폭탄과 같은 폭발력을 지니기 때문이다.

가장 화나는 순간, 일단 자리를 피하라

아이가 성적표를 학교에서 받지 않았다고 하자, 엄마는

아무래도 이상했다. 그래서 아이 친구 집에 전화해서 성적표 받은 사실을 확인한 엄마는 단단히 별렀다.

'집에 들어오기만 하면 해봐. 가만두지 않을 거야.'

그때 아이가 들어왔는데, 마침 옆집 아주머니가 외출하면서 애완견을 맡겼다. 엄마는 평소 예뻐하던 강아지를 데리고 한참 시간을 보냈다. 저녁상을 차리고 밥을 먹으려는데 아이가 말했다.

"엄마, 화내지 않고 그냥 넘어가줘서 고마워요. 집에 들어오는데 친구가 휴대 전화 문자로 '너희 엄마가 성적표 아셨어, 너 죽을 각오해' 그랬거든요."

엄마는 강아지 때문에 야단치는 걸 깜빡한 것이었는데, 아이는 정말 진지하게 반성하는 표정이었다.

"엄마, 저 열심히 노력할게요. 꼭 지켜봐주세요."

그 말을 듣는 순간 엄마는 아이를 어떻게 대해야 하는지 많은 것을 깨달았다고 한다.

자녀의 기를 살리는 긍정적인 면을 보라

친한 친구 사이인 두 아이가 있는데, 이 아이들의 똑같은 행동을 바라보는 엄마들의 태도는 매우 다르다.

집에서 공부해야 하는데 책을 사물함에 놓고 왔다.

⋯→ 너, 공부하기 싫으니까 일부러 놓고 왔지!(부정)

⋯→ 깜빡했나 보구나.(긍정)

위와 같이 대답한 사람 가운데 공부 잘하는 아이의 엄마가 있다. 누구일까? 바로 두 번째의 긍정적인 엄마다. 이 엄마의 태도는 안정감을 주기 때문에 자녀는 마음 편하게 공부에 집중할 수 있어서 당연히 성적도 좋다.

마음 습관의 중요성에 대해 강의를 들었던 엄마가 자녀의 성적표를 받아 들고는 이렇게 말했다.

"어렵고 힘들겠지만 성적표를 보고 떨어진 과목은 왜 그런지 이유를 생각해봤으면 좋겠다. 성적이 오른 과목은 열심히 한 모양이구나. 정말 잘했다."

아이가 나중에 엄마에게 문자를 보내왔다.

"정말 고마워요, 엄마. 진짜로 열심히 할게요."

엄마로서는 생각지 못한 반응이었다. 성적표를 보고 화가 났지만 '그냥 내 마음이라도 편하자'는 생각에 한 말이었는데, 아이의 반응은 엄마가 화냈을 때와는 하늘과 땅 차이였던 것이다.

조금 천천히 간다는 마음으로 지켜보라

자신의 마음 습관을 돌아보게 된 엄마가 이런 말을 했다.

"아이가 나처럼 되지 않기를 간절히 바랐는데 똑 닮은 것 같아서 정말 아이의 행동을 고치려고 많이 노력했어요. 그러다 어느 날 길을 가는데, 천천히 걷는다고 아이를 야단치는 엄마를 봤어요. 그때 우는 아이의 표정을 보면서 생각했지요. '저 어린아이가 엄마의 바쁜 사정을 어떻게 안다고 저렇게 다그칠까' 하고 말이에요. 그런데 바로 그 순간 제 모습이 보였어요. 우리 아이들에게 저렇게 다그치는 제 모습이요."

그때 거리에서 엄마는 눈물이 핑 돌았다고 한다.

엄마들이 자녀를 못마땅해하는 마음에는 자신과 같은 전철을 밟지 않게 하려는 걱정과 불안이 도사리고 있다. 그래서 이러저러한 행동을 고쳐주려고 하지만, 그것이 자녀를 더욱 힘들게 한다는 데 문제가 있다. 자녀가 성장해가면서 스스로 깨달으면 해결될 일을, 그리고 스스로 깨달아야 해결될 일을, 그런 시행착오도 겪지 않게 하려고 하다 보니까 자녀에게 안달을 부리는 것이다.

그 엄마는 이렇게 덧붙였다.

"선생님 말씀을 들을 때는 '남 얘기니까 그렇게 쉽게 하지'라는 생각에 거부감도 있었어요. 그런데 그 계기를 통해서 나를 돌아보고 정말 깨달은 바가 많아요. 이제는 그 마음으로 아이들을 이해하려고 노력하니까 걱정이 줄고 아이들의 얼굴에도 웃음이 돌아온 것 같아요. 내가 아이들을 불행하게 했던 엄마였다는 생각에 창피하기도 하네요. 이젠 정말 마음이 편해졌어요."

이제 그 엄마는 더 이상 아이를 재촉하지 않을 것이다. 천천히 아이의 보폭에 맞추는 게 오히려 지름길로 가는 것이라는 사실을 깨달았으니 말이다.

마음 습관 2 공부에 집중할 수 있는 환경 만들기

잘되라고 하는 말들이 자녀에게는 듣기 싫은 잔소리가 된다면, 원래의 의도에서 벗어난 것이 되어버린다. 먼저 엄마 자신의 언어 습관이 어떠한지 돌아보고, 자녀의 마음은 어떠한지, 공부 환경은 어떤지 살피자. 그리고 자녀에게 무엇이 도움이 될지를 찾아 말 대신 행동으로 실천하라.

자녀의 인격을 무시하는 잔소리를 하지 마라

자녀가 공부하는 습관이나 행동에서 구체적인 사실만을 놓고 판단해야 한다. 하나의 일에 케케묵은 일까지 끼워넣어 도매금으로 평가하거나 부정적인 시각으로 확대 해석하지 말아야 한다. 가령 만화책을 즐겨 읽거나, 시간 관리를

못하는 것은 아이의 여러 특성 중의 하나이고, 엄마가 보기에 실망스러운 한 가지 행위일 뿐이다.

"공부는 안 하고 순 딴 짓에 빠져서. 저 녀석 대체 뭐가 되려고 저러는지. 항상 자제력이 부족하다니까. 그 시간에 공부를 하면 좀 좋아."

이런 말들 속에 들어 있는 심각한 오류는 무엇일까? 다음의 대사와 비교해보자.

"만화책을 좀 덜 읽는다면 그 시간에 자신이 계획한 대로 좀 더 시간을 알차게 보낼 수 있을 텐데. 만화책에 그렇게 빠지는 걸 보면 집중력이 있는 건 틀림없어. 하지만 시간 관리를 잘하는 능력은 좀 부족한 것 같아."

전자는 만화책에 탐닉하는 행위를 미워하는 것이 아니라, 엄마의 마음에 안 들게 행동하는 아이 자체를 미워하는 것이 되어버렸다. 이런 표현을 자주 듣는 아이는 자신도 모르는 사이에 스스로를 정말 한심한 존재로 생각하게 된다.

집을 편안한 공부터로 만들라

딱딱한 분위기에서 선생님의 강의를 듣느라 긴장했던 상황에서 벗어나, 편안한 공간에서 자녀가 복습하는 공간으로 집을 변화시켜라.

이때 텔레비전을 못 보게 하는 것만으로는 환경을 만들

어주기 어렵다. 자녀에게 조용히 공부하라고 방문을 닫고 엄마가 밖으로 나온 다음을 상상해보자. 물론 혼자서도 집중력 있게 공부하는 아이라면 문제가 없지만, 대부분의 아이들은 혼자 있는 공간에서는 괜히 옛날 일기를 꺼내 보거나, 갑작스레 손톱을 깎는 등 공부 이외의 것에 관심을 갖는 경우가 많다.

이럴 때 자녀의 공부방을 거실로 끌어내는 것도 좋은 방법이다. 방에는 침대나 간이 테이블, 책꽂이 정도만 두고 공부는 바깥에 나와서 부모가 지켜보는 공간에서 자신 있게 할 수 있도록 분위기를 만드는 것이다. 그러면 아이의 방은 그야말로 공부하다가 쉬는 곳이 된다.

분위기가 조성된 뒤에도 자녀가 순간순간 흔들리는 모습이 보일 수 있다. 그때는 학습 분위기가 제대로 조성된 것인지를 점검해보아야 한다. '이렇게까지 다 해주는데 뭐가 불만일까' 라는 생각으로 자녀를 바라보면 결코 문제를 해결할 수 없다. 항상 자녀를 이해하려는 마음으로 환경을 살필 때 숨은 1인치의 문제점을 찾아낼 수 있는 것이다.

일관성 있는 원칙을 세워라

요즘 아이들은 부모의 관심을 많이 받고 크는 탓에 부모의 태도에 영향을 가장 많이 받는다. 대부분 자녀 교육에 성공한 가정을 보면 소위 '기분파' 부모는 흔치 않다. 어릴 때부터 원칙을 세운 일을 어기지 않으려고 애쓰는 부모 밑에서 자란 아이들은 자신이 세운 원칙을 일관성 있게 지키고 그에 따라 공부도 해나간다.

밤늦게 외출하고 돌아오는 자동차 안에서 아이들이 깊이 잠들었더라도 집에 도착하면 반드시 깨워서 양치와 손발을 씻게 한 부모가 있었다. 자다 깬 아이들이 징징거리며 이를 닦는 걸 보면서, '하루 정도는 그냥 넘어가도 될 것을 너무 심한 거 아닌가.' 생각했던 적이 있다고 한다. 하지만 지금은 건강하게 잘 자란 아이들이 생활 태도도 반듯하고 공부도 일관성 있게 잘해나가는 모습을 보면서, 몇 가지 원칙을 양보하지 않은 탓에 아이들을 그만큼 잘 키운 것은 아닌가 하고 느낀다는 이야기다.

부모가 정해준 규칙을 따라야 하는 아이들은 당연히 벗어나고 싶은 욕구도 함께 갖고 있다. 따라서 부모가 자기 기분대로 원칙을 바꿔서도 안 되지만, 자신은 원칙대로 행동하지 않은 채 아이에게만 일관된 규칙을 강요하면 반드시 무리가 따른다. 가령 일찍 자고 일찍 일어나라고 아이들을 다그칠 때 아이들은 이렇게 반박한다. "아빠도 매일 늦고, 휴일이면 늦잠 주무시면서 왜 우리보고만 그러세요?" 이때 아빠가 "아빤, 아빠지. 아빠가 너희랑 같아?"라고 한다면? 또는 매일 전화로 길게 수다를 떠는 엄마가 아이들이 문자 메시지 보내느라 정신없다고 나무랄 수 있겠는가?

부모의 일관된 삶을 보고 자란 아이들은 비록 흔쾌하게 정하지 않은 규칙일지라도 부모의 모습을 통해 함부로 룰을 깨서는 안 된다는 원칙을 배운다.

마음 습관 3 **말하기 전에 귀를 열라**

엄마와 말싸움할 때 언제 가장 마음 상하는지 아이들에게 물어보았다. 대부분이 싸우는 내용보다는 논리에서 밀린다고 생각할 때 가장 화가 난다고 대답했다. 사실은 이해받지 못한다고 생각되어서, 자신이 옳다고 생각하는 의견이 불완전하고 무기력해 상대방을 꺾지 못해서 자존심이 상하는 것이다.

공감을 끌어낸다는 것은 자녀의 자존심을 건드리지 않고, 공격하지 않으며, 논리로 굴복시키지 않고, 아이의 불완전한 부분을 보충해서 스스로 올바른 판단을 할 수 있도록 돕는 것이다. 즉, 공감은 부모와 자식이 함께 행복해지기 위한 노력이며, 공감을 위해서는 먼저 대화의 문이 열려야 한다.

자녀가 좋아하는 관심사에서 대화를 시작하라

아이가 게임을 좋아하면 구체적으로 관심을 가져줘야 한다. "게임 재밌냐?" 또는 "넌 요즘 무슨 게임을 하니?" 식의 추상적 질문은 차라리 하지 않는 것이 낫다. 아이로부터 단답형의 대답밖에는 돌아오지 않기 때문이다.

먼저 엄마가 그 일에 관심을 갖고 있다는 걸 보여주면서 "… 게임이 새로 나와서 인기라던데 정말 그래?" 등과 같이 구체적으로 질문하는 것이 좋다. 처음에는 아이들이 엄마의 의도를 의심할지도 모르지만, 정말 자신이 좋아하는 일에 관심을 갖고 있다는 것을 알게 되면, 자연스레 대화의 물꼬가 트이게 된다.

자녀의 말에 귀 기울이라

자녀에게 어떤 조언을 해야 할지, 무슨 말을 어떻게 시작해야 할지 걱정된다면 먼저 자녀의 이야기를 듣는 것이 좋다. 이야기를 경청하면서 진지하게 반응하고 맞장구치는 것만으로도 자녀는 엄마를 동지로 생각하게 된다.

이때 주의할 것은 반드시 진지하게 진심 어린 태도로 들어야 한다는 것이다. 만약 관심도 없으면서 듣는 척 하는 느낌만 주면 오히려 더 심한 거부감을 줄 수 있으므로 차라리 대화를 시작하지 않은 것보다 못한 결과를 낳는다.

자녀가 어떤 말을 하든 판단하지 말고 무조건 인정하라

누가 봐도 자녀의 잘못으로 빚어진 일에 자녀가 불만을 표시할 때, "네가 잘못했으니까 당연히 그런 결과가 생기는 거 아니니"라고 말하기보다 우선은 자녀의 기분부터 인정해주면서 시작해야 한다. "일이 그렇게 돼서 정말 속상하겠다. 어떻게 하다가 그런 일이 생겼는지 자세하게 말해볼래?"라는 식이다. 자녀는 엄마에게 조목조목 설명하는 과정에서 자신에게도 잘못이 있다는 것을 깨닫게 된다. 아이가 틀렸다고 생각해서 섣불리 언급하면, 아이는 감정부터 상해서 마음을 닫아버린다.

박재원

(행복한 공부연구소 소장)